다음 세대를 생각하는
인문교양 시리즈

아우름 38

우리는 스스로 빛나는 별이다

우주에서 발견한 삶의 지혜

이광식 지음

샘터

우주 여행을 떠납시다

'나는 누구인가?'를 알고 싶다면 먼저 자신이 있는 곳,
바로 우주를 알아야 한다.

―조용민(한국 물리학자)

당신은 밤하늘에서 북극성을 찾을 수 있습니까? 별지기 동네에는 "세상은 북극성을 찾을 수 있는 사람과 북극성을 찾을 수 없는 사람의 두 조합으로 나뉜다"라는 우스갯소리가 있습니다. 나그네가 길을 잃었을 때 길잡이가 되어 주는 북극성은 별이 성긴 북쪽 하늘에 2등성으로 반짝이고 있으니까 조금만 관심을 기울이면 쉽게 찾을 수 있는 별입니다.

별들은 밤새 북극성을 중심으로 하늘을 돕니다. 물론 지구의 자

전 때문에 그렇게 보이는 거죠. 지구 자전축이 북극성을 곧추 향하기 때문에 밤이든 낮이든 간에 북극성은 움직이지 않습니다. 늘 하늘의 그 자리를 지키고 있죠.

그런데 이렇게 빤히 보이지만 북극성과의 거리는 무려 430광년이나 됩니다. 초속 30만 킬로미터의 빛이 430년을 달려야 닿는 거리입니다. 우리가 지상에서 바라보는 거리는 멀어 봤자 고작 몇십 킬로미터인데, 430광년은 무려 4천조 킬로미터로, 상상이 안 되는 아득한 거리입니다. 그러니까 오늘 밤 내가 보는 북극성의 별빛은 430년 전에 별에서 출발한 빛이 광막한 우주 공간을 가로질러와서 지금 내 눈의 망막을 건드리는 것입니다. 430년 전이라면 임진왜란으로 조선 땅이 한창 어수선할 무렵입니다.

그뿐이 아닙니다. 뜬금없는 말을 하거나 물색없는 소리를 하는 사람에게 잘 쥐어박는 말이 있죠. "너 개념은 안드로메다로 보냈니?" 그 안드로메다는 우리 은하처럼 나선 은하인데, 지구로부터 무려 250만 광년 떨어져 있습니다. 과연 멀리 보낸 거네요. 그래도 하늘 좋고 눈 좋으면 맨눈으로 볼 수 있는 가장 먼 천체이기도 하죠.

250만 광년이라면 얼마나 먼 거리일까요? 천문학은 상상력을 필요로 합니다. 만약 당신이 맨눈으로든 망원경으로든 안드로메다를 본다면, 그 빛은 250만 년 전에 안드로메다를 출발한 셈입니다. 250만 년 전이라면 지구상에 인류는 그림자도 없고 매머드들이 뛰어다니던 홍적세 전기쯤 됩니다.

천문학 테마 크루즈 여행에서 안드로메다를 처음으로 본 미국의 유명 SF 작가 아이작 아시모프는 그 감동을 이렇게 표현했습니다. "클라이맥스는 ⅰ와 아내 새넛이 쌍안경으로 난생처음 안드로메다 은하를 보았을 때였다. 우리는 그것만으로도 크루즈에 참가한 본전을 뽑은 느낌이었다."

안드로메다를 맨눈으로 보면 조그맣고 희미한 빛 뭉치 같습니다. 그러나 놀라지 마시라. 지름이 우리 은하의 두 배가 넘는 22만 광년이고, 별이 무려 1조 개나 됩니다. 우리 은하의 두 배가 넘는 셈이죠.

마지막으로 가장 중요한 '안드로메다의 진실'을 말하자면, 약 45억 년 후 우리 은하와 충돌할 거라는 사실입니다. 현재 시간당 12만 킬로미터 속도로 우리 은하와의 거리를 좁히고 있습니다. 이는 지구와 달 사이 거리의 3분의 1에 해당합니다.

충돌하면 어떻게 될까요? 천문학자들이 내린 결론은 이렇습니다. "두 은하는 몇십억 년에 걸쳐 서서히 충돌할 것이며, 그 후 거대한 타원 은하로 진화할 것이다. 그리고 우리 태양계는 은하 바깥으로 튕겨나갈 가능성도 없지 않다."

그렇게 된다면 태양계의 종말이고 지구의 종말일 것입니다. 이처럼 우리 머리 위에는 놀랍고도 광대한 세계가 존재합니다. 이러한 것들에 눈길을 주지 않고 땅만 내려다보고 산다면, 균형 잡힌 삶을 살기는 어려울 것입니다.

이 책에서 상상과 지식의 힘을 빌려 여러분과 함께 이 광막한 우주를 시공간 최대한까지 여행하고자 합니다. 시인의 상상력, 어린이의 감수성으로 이 여행에 동참하기를 권합니다. 그러면 이 여행이 끝났을 때 여러분은 더 이상 예전의 자신이 아님을 깨달을 것입니다.

우주란 무엇인가? 우주 속의 나란 어떤 존재인가? 나와 우주는 어떤 관계인가? 이런 커다란 질문들에 나름의 답을 찾을 것이기 때문입니다.

2019년 이른 봄
강화도 퇴모산에서 이광식

| 차 례 |

"인간은 광대한 우주에 살고 있으며,

인간에 못지않게 경탄할 만한 우주에 살고 있다.

그러므로 인간의 주위를 에워싸고 있는

이 넓고 큰 세계의 기원과 숙명을 무시하고서는

참된 의미의 만족스러운 생활을

해나갈 수 없다."

−린위탕 林語堂(중국 작가 · 문명비평가)

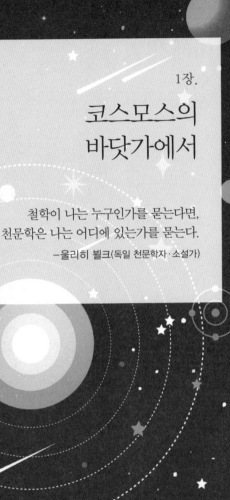

1장.

코스모스의
바닷가에서

철학이 나는 누구인가를 묻는다면,
천문학은 나는 어디에 있는가를 묻는다.

−울리히 뵐크(독일 천문학자·소설가)

어제가 없는
오늘

대체 우주란 어떤 동네일까요?

만약 여러분에게 자녀나 동생이 "우주란 뭐죠?" 하고 물어온다면 어떻게 대답해야 할까요? "너와 나를 포함해 이 세상에 있는 모든 것이 우주다." 이렇게 대답하는 사람이 가장 많을 겁니다. 그렇습니다. 이것이 가장 쉽고 정확한 풀이라고 할 수 있습니다.

그런데 옛날 동양의 현자들은 좀 다르게 풀이했습니다. 중국 전한 시대의 철학 책 《회남자淮南子》를 보면 다음과 같은 구절이 나옵니다. "예부터 오늘에 이르는 것을 주宙라 하고, 사방과 위아래를 우宇라 한다." 시공간을 아우른 풀이임을 알 수 있습니다. 여기서 바로

우리는 스스로 빛나는 별이다

우주라는 말이 유래한 것입니다.

영어로는 우주를 유니버스universe라고 하는데, '온누리'를 뜻하는 라틴어 우니베르숨universum에서 나왔습니다. 또 우주를 뜻하는 고대 그리스어 코스모스cosmos는 질서를 갖는 조화로운 체계로서의 우주를 말합니다. 피타고라스가 가장 먼저 사용했다고 하는데, 그는 우주를 '아름답고 조화로운 전체', 즉 코스모스로 봄으로써 우주를 인간의 사고 안으로 끌어들였습니다.

어떤 말을 쓰든 서양의 우주에는 공간만 있을 뿐 시간 개념이 없습니다. 그러나 20세기 들어 아인슈타인이 일반 상대성 이론에서 우주는 공간 3차원과 시간 1차원으로 이루어진 4차원의 시공간 연속체라고 간파했을 때, 동양의 현자들이 일찍이 말한 시공간을 아우른 '우주'의 개념과 딱 맞아떨어짐을 확인하게 되었습니다. 동양의 현자들은 이토록 현명했습니다.

사람마다 다르겠지만, 내가 우주를 처음으로 어렴풋이 느끼고 생각하게 된 것은 아홉 살 무렵이었습니다. 여름밤 시골집 마당에 멍석을 펴놓고 이웃 동무들과 놀고 있었는데, 나보다 아홉 살 많은 큰형이 쏟아질 듯한 밤하늘의 별들을 보면서 이렇게 말했습니다.

"너희, 저 별들 보이지? 그런데 저 별들이 지금은 저기 없을지도 몰라." 다들 뜨악한 얼굴로 큰형을 쳐다봤지요. "왜냐면, 저 별까지의 거리가 너무나 멀어서 별빛이 여기까지 오는 데 시간이 엄청 걸리거든. 그러니까 지금 저 별이 그대로 있는지는 아무도 모르지. 만약 우리가 빛처럼 빠른 로켓을 타고 저 별에 다녀온다면 지구는 몇백 년이 흘러가 버렸을 수도 있단다."

참으로 낯선 얘기였습니다. 이런 나이에도 내가 살아온 세계와는 너무나 다른 이야기에 나는 충격과 감동을 받았던 모양입니다. 그 얘기는 오래도록 여운을 남겨 별과 별의 세계, 우주의 느낌을 내 속 깊이 심어 놓은 듯합니다. 그 형님은 몇 년 후 서울로 올라가 문학을 공부했고 신춘문예에 당선되어 소설가가 되었습니다. 어린 시절 형으로부터 별 이야기를 들은 나는 이렇게 천문학 작가가 되었고요.

이런 경험에 비추어 볼 때 어린이에게도 되도록 별과 우주를 많이 보고 읽게 하는 것이 참으로 중요하다는 것을 알 수 있습니다. 머리와 가슴에 별을 담고 사는 사람과 그렇지 않은 사람은 분명 삶의 길이 다를 것입니다. 요즘 언론에 오르내리는 기사를 보면, 인생 말년에 험한 일을 당하는 사람들을 많이 볼 수 있습니다. 조금만 더 별을 보고 우주를 사색하는 삶을 살았더라면 저렇게 되지 않았을 텐데 하는 안타까움을 느낍니다.

내 경우는 '아홉 살의 별'이 내 속에 꺼지지 않고 계속 반짝였던 것 같습니다. 갓 스무 살 넘었을 때, 서울에서 자취하면서 출판사를 전전하며 밥벌이하던 어느 날 문득 '내가 살고 있는 이 우주는 대체 어떤 동네일까?' 하는 문제가 너무 궁금해 하루는 청계천으로 나갔습니다. 내가 알고 싶어 하는 얘기를 들려줄 책을 찾기 위해 청계로 양편으로 늘어선 수백 개의 헌책방을 종일 뒤지고 다녔지요. 지하철 1호선을 놓는다고 한창 종로 바닥을 파뒤집던 1970년대라서, 그런 책은 종내 찾을 수 없었습니다. 다들 먹고 살기 바빠 우주로 눈길을 주거나 그런 책을 낼 여유가 없었겠지요. 나중에 내가 출판사를 운영하면서 천문학 책과 천문 잡지 등을 꾸준히 낸 것은 그런 갈증에서 비롯된 것 같습니다.

천직 비슷한 출판사를 접은 것도 따지고 보면 우주 때문이라고 할 수 있습니다. 어느 날 야근을 하고 집으로 돌아가는데, 아파트 단지 입구에 들어서자 어느 집 높다란 베란다에 누런 조등 하나가 걸려 있는 것이 눈에 띄었습니다. 그 순간 무언가가 머릿속을 딱 때렸습니다. '아, 정신없이 살다가 아파트 안방에서 죽으면 저렇게 조등 하나 걸고 끝나겠구나.'

그렇죠. 밥벌이 일에 파묻혀 바쁘게 살다가 어느 날 갑자기 아파트 안방에서 죽는다면, 그보다 억울한 일이 어디 있을까. 끔찍하다는 생각이 들었습니다. 박정만 시인은 '나는 사라진다/저 광활한 우주 속으로'[1]라는 절명시를 남겼지만, 나는 사라지기 전에 내가 살고 있는 이 우주란 동네를 좀 더 알아보고 싶었습니다.

---

1) 박정만(1946~1988)의 〈종시(終詩)〉 전문.

| 2층 데크에 올린 원두막 천문대. 강화도는 비교적 빛 공해가 적어 별지기들이 잘 찾는 곳이다.

그로부터 얼마 후 출판사를 인수하겠다는 임자가 나타나자 미련 없이 넘기고 강화도 퇴모산으로 들어갔습니다. 우주로 벼나기 전에 빈둥빈둥하며 별 보고 우주나 좀 사색하다 가자, 이게 나의 버킷리스트였거든요. 그래서 나이 쉰 중반에 낮에는 빈둥거리거나 텃밭 일 좀 하다가 밤이면 별 보고 천문학, 물리학, 수학 관련 책 읽는 생활을 10년 하게 되었습니다.

그러다 보니 좀 더 재미있는 천문학 책이 필요하다는 생각이 들어 《천문학 콘서트》를 쓰게 되었고, 써놓고 보니 내가 젊은 시절 찾았던 그 책이란 생각이 들었습니다. 이 책이 뜻밖에도 호평을 받는 바람에 그 인세로 산속 집 베란다에 개인 관측소를 올리고, 10인치 돕소니언 반사 망원경을 들여 원두막 천문대라는 간판을 걸었지요. 요즘도 가끔 거기 올라가서 관측을 합니다.

우주가 밥 먹여 주나?

어떤 이들은 이렇게 말합니다.

"먹고 살기도 바빠 죽겠는데, 무슨 우주야. 그렇게 한가해?"

"우주가 나랑 무슨 상관이야. 돈을 주나 밥을 주나."

우주가 내 삶과 아무 관계없다고 생각하는 것은 정말 불행한 오해입니다. 우주가 돈도 밥도 주진 않지만, 그보다 훨씬 중요한 것을 줍니다. 우주를 모르고선 참다운 삶을 살아가기 어렵습니다. 불행하게도 현대인은 우주 불감증이라는 돌림병을 앓고 있습니다. 머리 위에 있는 엄청난 세계를 까맣게 망각한 채 땅만 내려다보고 살아가면 삶의 균형을 잃게 마련입니다. 그런 삶이 만족스럽고 행복한 삶이 될 수 있을까요? 옛사람은 하늘을 잊어버리고 사는 그 자체가 재앙이라고 말했습니다.

중국의 작가이자 문명비평가인 린위탕林語堂은 삶에서 인간과 우주의 관계를 대단히 중요하게 생각했습니다. 불후의 명수필집《생활의 발견》에는 그러한 성찰이 담긴 명언들이 곳곳에 있습니다.

"인간은 광대한 우주에 살고 있으며, 인간에 못지않게 경탄할 만한 우주에 살고 있다. 그러므로 인간의 주위를 에워싸고 있는 이 넓고 큰 세계의 기원과 숙명을 무시하고서는 참된 의미의 만족스러운 생활을 해나갈 수 없다."

우주가 무엇인지 알고자 하는 것은 인간의 본능과도 같습니다. 대도시 뒷골목에서 태어난 나는 여덟 살 때 시골로 이사를 했습니다. 강도 있고 산도 있고, 과수원과 들판도 있는 한마디로 신천지였

| 인간과 우주의 관계를 성찰한 명언을 많이 남긴 중국 작가 린위탕(1895~1976).

지요. 나는 날마다 이곳저곳 쏘다니며 정신없이 놀았습니다. 강에서 멱도 감고 과수원에 들어가 닉과도 주웠습니다. 봄이면 진달래 캐다가 마당에 심고, 달밤이면 동네 아이들과 술래잡기며 말타기도 했습니다. 행복했지요.

만약 그때 내가 대문에 빗장 지르고 문밖으로 나가길 거부했다면 그 삶이 어땠을까요? 우주에 무관심하고 우주를 외면하는 것은 이사 간 동네에서 문밖으로는 절대 안 나가겠다는 생각과 다를 바 없습니다. 그런 삶은 결코 행복하지도 온전하지도 못할 것입니다.

이처럼 우주를 아는 것은 곧 우리 자신을 아는 것이고, 우리 자신을 찾아가는 길이기도 합니다. 그래서 천문학자나 별지기들 중에는 '우주를 아는 것이 나를 아는 길이다'라는 믿음을 가진 사람이 많습니다.

우주에 관한 유서 깊은 질문 세 개

인류가 우주에 관해 생각하기 시작한 것은 아마 하루의 사냥이

우리는 스스로 빛나는 별이다

끝난 뒤 동굴 앞에 앉아 밤하늘을 보기 시작한 것과 같은 때일 것입니다. 밤하늘에 장엄하게 펼쳐진 별밭과 은하수, 그리고 그 속을 운행하는 달과 행성들을 보면서 민족마다 창조신화를 엮어냈으며, 그것을 신앙의 속고갱이로 삼았습니다. 그래서 세계에는 수많은 창조신화와 신앙이 존재합니다. 민족마다 세계를 해석하는 틀이라 할 수 있겠지요. 이것이 바로 우주론의 출발이라고 할 수 있습니다.

이처럼 오랜 역사를 가진 우주론은 한마디로 '우주의 탄생과 진화 그리고 그 종말에 관한 이야기'라 할 수 있는데, 다음과 같은 유서 깊은 질문 세 개를 기둥으로 삼고 있습니다.

- 우주는 어떻게 탄생했을까?
- 우주는 어떻게 생겼을까?
- 우주는 어떤 종말을 맞을까?

참으로 큰 질문들이지요. 거대 담론입니다. 그런데 20세기 초만 하더라도 이 질문들에 정확한 답을 할 수 있는 사람이 아무도 없었습니다. 그런데 오늘날에는 현대과학에 힘입어 이 질문들에 대한 정답을 거의 알아냈습니다. 전 시대 사람들은 꿈도 꾸지 못했던 우주와 만물의 기원을 알아낸 거죠. 그리고 우리가 어디서 왔는가 하는 문제에도 답을 찾아냈습니다. 인류 지성의 크나큰 승리입니다.

모처럼 우주에 딱 한 번 태어났는데 이 정답들을 모른 채 살다가 죽는다면 얼마나 억울하고 안타까운 일이겠습니까. 하지만 안심하십시오. 우리의 우주여행은 이런 것들을 자세히, 재미있게 그리고 감동적으로 알아가는 여정이니까요.

세상은 왜 텅 비어 있지 않을까?

"왜 세상에는 아무것도 없지 않고 무엇인가가 있는가?"라는 원초적 질문을 던진 사람은 17세기 독일 철학자이자 수학자인 고트프리트 라이프니츠였습니다. 미적분의 발견 업적을 놓고 뉴턴과 다툰 것으로도 유명한 라이프니츠는 또 이렇게 덧붙였습니다.

"이 세상이 환상일 수도 있고, 모든 존재는 꿈에 불과할지도 모르지만, 내가 보기에 이들은 너무도 현실적이어서 우리가 환상에 현혹되지 않고 있다는 것을 입증하기에 충분하다."

그렇다면, 우리를 둘러싸고 있는 삼라만상의 모든 물질은 다 어디에서 왔을까요? 만물의 근원은 무엇일까요? 물론 이러한 의문을 품었던 사람은 라이프니츠뿐이 아니었습니다. 고대 그리스 철학자 탈레스도 이런 의문을 품은 끝에 최초로 '답안' 하나를 제시했습니다.

"만물의 근원은 물이다!"

하지만 이것은 맞는 답이라고 하기 힘듭니다. 어쨌든 탈레스는 이 말 한마디로 유명해졌고, '물의 철학자'란 이름을 역사에 남겼습

우리는 스스로 빛나는 별이다

니다. 그 뒤로도 만물의 근원에 대해 물, 불, 공기, 흙을 원소로 보는 4원소설 등 수많은 가설이 나왔지만, 이에 대해 과학적인 답을 한 사람은 20세기 초반이 되어서야 나타났습니다.

인류의 이 유서 깊은 질문, '만물은 어디에서 비롯되었는가?'에 대한 최초의 과학적 답변은 1927년, 로만 칼라 차림의 가톨릭 신부이자 벨기에 천문학자인 조르주 르메트르(1894~1966)가 내놓았습니다.

대학생 때 토목공학을 공부하다 제1차 세계 대전에 참전한 뒤 천문학으로 방향을 튼 르메트르는 아인슈타인의 일반 상대성 원리에 나오는 중력장 방정식[2]을 깊이 연구한 끝에 1927년, 우주는 과거 한 시점에서 시작되었으며 지금도 팽창하고 있다는 '팽창우주 모델'을 세상에 선보였습니다. 그의 논문은 매우 높은 에너지를 가진 작은 '원시원자Primeval Atom'가 거대한 폭발을 일으켜 우주가 되었다는 대폭발 이론을 최초로 소개한 것입니다. 이른바 '빅뱅 이론'이란 이름을 얻게 된 대폭발설이죠.

르메트르는 혁명적인 이 가설에서, 우주는 팽창하고 있으며, 이러한 팽창을 거슬러 올라가면 우주의 기원, 즉 '어제 없는 오늘The

---

2) 공간상의 물질과 에너지의 분포에 따라 시공간의 곡률을 나타내는 아인슈타인의 방정식.

Day without Yesterday'이라고 불리는 태초의 시공간에 도달한다는 이론을 펼쳤습니다. 이것은 우주도 우리처럼 탄생 시점이 있다는 놀라운 이론이었습니다. 그전까지 우주는 영원 이전부터 영원 이후까지 존재한다는 정상 우주론이 대세였지요.

그러나 르메트르의 이론은 당시 그다지 주목받지 못했습니다. 1927년 브뤼셀에서 열렸던 세계 물리학자들의 솔베이 회의에 참석한 르메트르는 아인슈타인을 한쪽으로 데리고 가서 자신의 팽창우주 모델을 설명했습니다. 하지만 아인슈타인으로부터 "당신의 수학은 옳지만, 당신의 물리는 끔찍합니다"라는 끔찍한 말을 들었습니다. 아인슈타인이 거부한다는 것은 곧 전 과학계가 거부한다는 뜻이었습니다. 르메트르는 자신의 이론에 흥미를 잃고 한동안 잊힌 듯이 지냈습니다.

공간과 시간이 응축된 한 점이 폭발해 우주가 출발했다는 르메트르의 빅뱅 이론은 이처럼 처음에는 푸대접을 면치 못했지만, 시간은 르메트르의 편이었습니다. 빅뱅 이론이 세상에 나온 지 2년 만에 한없이 정적으로만 보이던 이 대우주가 기실은 무서운 속도로 팽창하고 있다는 관측 결과가 나온 것입니다. 그것은 20세기 천문학의 최고 영웅이 탄생하는 순간이기도 했죠. 미국의 신참 천문학자 에드윈 허블이 우주가 팽창하고 있다는 관측 결과를 발표해 사람들을 경악케 했습니다. 이는 인류에 대한 근본적인 계시로, 과학사상 최대 발견으로 받아들여졌습니다.

르메트르가 '솔베이의 절망'을 맛본 지 6년 만인 1933년, 마침내 아인슈타인의 항복을 받아냈습니

| 솔베이 회의의 아인슈타인과 르메트르. 르메트르는 아인슈타인에게 팽창우주 모델을 설명했지만, 냉담한 반응을 얻었을 뿐이다.

다. 우주 팽창을 발견한 에드윈 허블의 윌슨산 천문대에서 열린 세미나에서 르메트르는 허블을 비롯한 쟁쟁한 천문학자와 우주론자들 앞에서 자신의 빅뱅 모델을 발표했습니다. 그는 자기가 좋아하는 불꽃놀이를 가미해 현재의 우주 시간을 이렇게 시적으로 표현했죠.

"태초에 상상할 수 없을 만큼 아름다운 불꽃놀이가 있었습니다. 그런 후 폭발이 있었고, 그 후엔 하늘이 연기로 가득 찼습니다. 우리는 우주가 창조된 탄생의 장관을 보기엔 너무 늦게 도착했습니다."

아인슈타인은 르메트르의 팽창우주 강의를 듣고 "내가 들어 본 것 중에서 창조에 대해 가장 아름답고 만족스러운 설명"이라는 찬사를 보냈습니다.

138억 년 전의
메아리

팽창하는 우주가 말해 주는 것

"우리가 사는 우주는 지금 이 순간에도 빛의 속도로 팽창하고 있습니다."

이 놀라운 사실을 인류에게 최초로 알린 미국의 천문학자 에드윈 허블은 이 발견 하나로 20세기 천문학 최고의 영웅으로 등극했습니다.

법학을 전공하다 뒤늦게 천문학으로 전향한 허블은, 1929년 당시 세계 최대 규모였던 월슨산 천문대 망원경을 이용해 우주가 팽창하고 있음을 최초로 발견했습니다. 그가 본 우리 주위의 모든 은하

우리는 스스로 빛나는 별이다

는 지구로부터 후퇴하고 있었습니다. 우리가 무슨 끔찍한 병균에 오염되기라도 한 듯 사방의 은하들이 도망가고 있는 것입니다. 어떤 천문학자는 지구가 인간으로 오염돼서 모든 은하가 도망가는 거라는 우스갯소리를 하기도 했죠.

| 1948년 2월 9일 자 《타임》 표지를 장식한 에드윈 허블 (1889~1953). 우주의 팽창을 발견해 천문학의 영웅으로 등극했다.

우주가 팽창하고 있다는 사실은 사람들에게 엄청난 충격을 주었습니다. 지금 이 순간에도 우주가 무서운 속도로 팽창하고 있으며, 우리가 발붙이고 사는 이 세상에 고정된 거라곤 하나도 없다는 현기증 나는 사실에 사람들은 황망해했습니다. 최초로 인류가 지구상을 걸어다닌 이래 인간사가 불안정하다는 것을 알고는 있었지만, 20세기 들어서는 하늘조차 불안정하다는 사실을 깨닫게 된 것입니다. 그야말로 제행무상諸行無常의 대우주였습니다.

그렇다면 우주가 팽창한다는 것을 어떻게 알았을까요? 과학자들이 천체의 이동 속도를 잴 때 쓰는 스피드 건이 있습니다. 이른바 적색 이동(적색 편이)이라고 불리는 물리 현상으로, 멀어지는 별에서 나오는 빛의 스펙트럼선이 도플러 효과3)에 의해 파장이 긴 쪽(적색)으로 약간 이동하는 효과입니다. 이 효과를 측정해 대상의 속도를 알아내는 것입니다. 만약 어느 날 여러분에게 속도위반 딱지가 날아든다면 그것은 도플러 효과 측정장치를 갖춘 스피드 건에 찍힌 것입니다.

허블은 적색 이동을 무기로 삼아 24개의 은하를 집요하게 추적해서 얻은 관측 자료를 정리하여 거리와 속도를 반비례시킨 표에 은하들을 집어넣었습니다. 그 결과 놀라운 사실이 드러났죠. 은하들이 엄청난 속도로 지구로부터 멀어지고 있었습니다. 우주는 뉴턴이나 아인슈타인이 생각했던 것처럼 전혀 정적이지 않다는 사실을 처음 발견한 것이죠.

우주의 로제타석

어쨌든 허블의 결론은, 우주의 모든 은하는 모든 방향에서 우리 은하로부터 멀어지고 있으며, 그 후퇴 속도는 먼 은하일수록 더 빠르다는 것입니다. 그리고 은하의 이동 속도를 거리로 나눈 값은 항상 일정합니다. 이것이 이른바 '허블의 법칙'입니다. 훗날 이 상수는 허블 상수로 불리며, 'H'로 표시됩니다. 허블 상수는 우주의 팽창 속도를 알려 주는 지표로서, 이것만 정확히 알아낸다면 우주의 크기와

---

3) 파동을 발생시키는 파원과 그 파동을 관측하는 관측자 중 하나 이상이 운동하고 있을 때 발생하는 효과로, 파원과 관측자 사이의 거리가 좁아질 때는 파동의 파장이 더 짧게, 거리가 멀어질 때는 파장이 더 길게 관측되는 현상이다. 소방차 사이렌 소리가 좋은 예다.

우리는 스스로 빛나는 별이다

나이를 구할 수 있습니다. 그래서 허블 상수는 우주의 로제타석에 비유되기도 합니다.

지난 70년 동안 과학자들은 허블 상수의 정확한 값을 놓고 열띤 논쟁을 벌였습니다. 이를 '허블 전쟁'이라고까지 했죠. 2006년 찬드라 X-선 관측선의 데이터를 기반으로 비례상수가 77(km/s/Mpc) 근처라는 것이 확인되었습니다. Mpc는 메가파섹으로 백만 파섹, 1파섹은 3.26광년입니다. 즉 326만 광년 거리당 초속 77킬로미터씩 팽창한다는 뜻으로, 관측 가능한 우주의 끝까지를 130억 광년으로 치고 이를 대입하면 팽창 속도가 거의 광속으로 나옵니다.

이 허블 상수의 역수는 약 150억 년으로 나왔습니다. 지금도 허블 상수는 천문학에서 가장 중요한 상수로 다뤄지는데, 허블의 법칙을 식으로 나타내면 다음과 같습니다.

Vr=Hr (Vr: 은하의 후퇴 속도 [km/s], r: 은하까지의 거리 [Mpc], H: 허블 상수[km/s/Mpc])

과학사에서 최대 발견으로 꼽히는 허블의 이 '우주 팽창'은 르메트르가 우주 원리를 통해 수학적으로 예견했던 것이었습니다.

이처럼 우주의 모든 은하가 우리로부터 멀어지고 있지만, 그렇다고 우리 은하가 그 중심이라는 뜻은 아닙니다. 서로가 서로에게

| 허블의 이름을 딴 허블 우주망원경. 1990년 우주로 올라간 이래 지
상 600킬로미터 높이에서 97분마다 지구를 돌며 먼 우주를 관측하
고 있다.

같은 비율로 멀어지고 있는 거죠. 풍선 위에 점들을 찍어 놓고 바람
을 불어 넣으면, 각 점들은 서로에게서 멀어집니다. 풍선의 2차원 구
면 위에는 중심이란 게 있을 수 없습니다. 한 차원을 늘려 3차원으
로 생각해 봅시다. 만약 밀가루 반죽에 건포도를 박아 넣고 굽는다
면 빵이 부풀 때 각 건포도들의 간격이 벌어지는 것과 같은 이치입
니다.

　이와 같이 온 우주에 있는 은하들은 그 사이의 공간이 팽창함에
따라 기약 없이 서로에게서 멀어지고 있습니다. 우주는 중심도 가장

　　　　　　　　　　　　　　　　　　　　　우리는 스스로 빛나는 별이다

자리도 달리 없는 구조로 알려져 있습니다. 이 부분에 관해선 뒤에서 다시 자세히 다루겠습니다.

138억 년 전의 메아리

허블의 팽창 우주와 르메트르의 원시원자 대폭발은 사실 동전의 양면과 같습니다. 지금 우주가 팽창하고 있다면, 그 필름을 거꾸로 돌리면 결국 아득한 과거 원시원자의 폭발에 이어질 것입니다. 에너지와 밀도가 무한대인 특이점特異點이 대폭발을 일으키고, 거기서 시간과 공간, 물질의 역사가 시작되었다, 이것이 빅뱅 이론의 핵심입니다. 그러나 이것은 어디까지나 이론일 뿐, 직접적인 증거는 없었습니다. 따라서 정상 우주론을 주장하는 쪽에서 볼 때는 뜬구름 잡는 이야기쯤으로 들렸습니다.

그런데 놀랍게도 138억 년 전 대폭발의 직접적인 증거가 튀어나왔습니다. 르메트르가 말한 '태초의 휘광'의 물증이 발견된 것입니다. 르메트르의 원시원자 가설, 즉 빅뱅 이론이 나온 지 30여 년이 지난 1964년, 우주의 극초단파를 연구하던 두 물리학자가 우주에서 나는 소음을 발견했습니다. 그 소음은 어떤 한 영역에서 오는 것이 아니라, 온 우주를 배경으로 균일하게 오는 것이었습니다. 미국 벨 연구소의 아노 펜지어스와 로버트 윌슨이 최초로 발견한 이 3K 마이크로파 잡음은 바로 138억 년 전 빅뱅의 잔향으로, 우주 배경 복

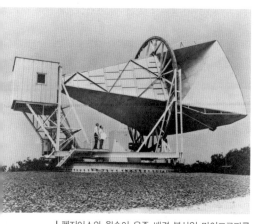

| 펜지어스와 윌슨이 우주 배경 복사인 마이크로파를 발견했던 홀름델 혼 안테나의 모습.

사라는 것입니다. 이는 일찍이 구소련 출신 물리학자 조지 가모프에 의해 이론적으로 예견되었던 우주 창생의 마이크로파로, 대폭발의 화석이라고 불리는 것이었습니다.

이들은 안테나의 잡음을 잡기 위해 비둘기 똥을 치우다 운 좋게 이 빅뱅의 화석을 발견했는데, 이 발견으로 1978년 노벨 물리학상을 받았습니다. 그래서 사람들은 비둘기 똥을 치우다 금덩어리를 주운 셈이라고 부러워했답니다.

그런데 최초로 우주 배경 복사를 예언했던 가모프는 10년 전 이미 세상을 떠났기 때문에 같이 상을 받지 못했습니다. 노벨상은 생존 인물에게만 주기 때문이죠. 가모프가 살아 있었다면 틀림없이 같이 받았을 겁니다. 그래도 가모프는 지하에서나마 자신이 예언한 우주 배경 복사가 발견됐다는 소식을 듣고 크게 기뻐했을 것입니다. 젊었을 때 학문의 자유를 찾아 구소련을 탈출하기 위해 아내와 함께 흑해에서 카누를 젓다 미수에 그친 이력이 있는 가모프는 순수하고

우리는 스스로 빛나는 별이다

장난기 많은 과학자였습니다. 그 후 아내와 함께 탈출에 성공해 미국에 정착한 그는 구소련에서 궐석재판으로 사형 선고까지 받았다고 합니다.

'신호는 빅뱅 우주를 의미했다!'

지금도 우리는 빅뱅의 화석인 이 마이크로파를 직접 볼 수 있는데, 구식 안테나 텔레비전의 방송이 없는 채널에서 지글거리는 줄무늬 중 1퍼센트는 바로 그것입니다. 우주가 탄생할 때 발생한 그 열기가 식어서 3K도의 마이크로파가 되어 138억 년의 시공간을 넘어 지금 내 눈의 시신경을 건드리는 거라고 생각해도 결코 틀린 말은 아닙니다.

어쨌든 펜지어스와 윌슨의 우주 배경 복사 발견은 '500년 현대 천문학사에서 가장 위대한 발견'이라는 평가를 받았으며, 〈뉴욕타임스〉는 1965년 5월 21일 자 신문 머리기사에 '신호는 빅뱅 우주를 의미했다!'라는 제목으로 우주 탄생의 메아리를 전했습니다. 펜지어스는 자신들의 발견으로 열광하는 세상 사람들을 보고 다음과 같은 소감을 남겼습니다.

"오늘 밤 바깥으로 나가 모자를 벗고 당신의 머리 위로 떨어지는 빅뱅의 열기를 한번 느껴 보라. 만약 당신이 아주 성능 좋은 FM 라디오를 가지고 있고 방송국에서 멀리 떨어져 있다면 라디오에서 쉬

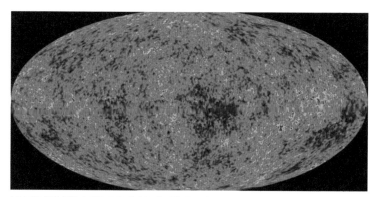

| WMAP 관측위성이 잡은 우주 배경 복사. 색은 온도차를 나타낸다.

쉬 하는 소리를 들을 수 있을 것이다. 이미 이런 소리를 들은 사람도 많을 것이다. 때로는 파도 소리 비슷한 그 소리는 우리의 마음을 달래 준다. 우리가 듣는 그 소리는 수백억 년 전부터 밀려오고 있는 잡음의 0.5퍼센트 정도다."

우주 배경 복사에 노벨상이 주어졌다는 것은 빅뱅 우주론이 정상 우주론을 누르고 승리를 거두었다는 선언이나 다름없습니다. 이로써 인류는 비로소 '만물은 태초의 한 원시원자에서 출발했다'는 답을 갖게 되었습니다. 르메트르의 최종적인 승리입니다. 우주 탄생을 과학적으로 설명한 빅뱅 이론은 20세기에 이룩된 가장 위대한 과학적 성취로 꼽힙니다.

"진리에 이르는 길은 두 개 있다. 나는 그 두 길을 다 가기로 결심했다"면서 평생 신과 과학을 함께 믿었던 빅뱅 이론의 아버지 르메

우리는 스스로 빛나는 별이다

트르는 임종의 자리에서 빅뱅의 화석이 발견되었다는 소식을 들은 뒤, 1966년 우주 속으로 떠났습니다. 향년 72세.

끝으로, 2018년 국제천문연맹IAU이 '허블의 법칙'을 '허블-르메트르의 법칙'으로 바꾸기로 했다는 소식입니다. 르메트르가 원시원자를 들고 나온 지 85년이 지난 뒤 '팽창우주'의 지분을 정식으로 인정받은 셈입니다. IAU는 "법칙의 물리적 설명과 증거는 허블이 제시했지만, 르메트르 역시 관련 연구를 비슷한 시기에 수행했다"며 "우주 팽창론을 수학적으로 유도했던 그의 업적을 다시 기리기 위한 것"이라고 설명했습니다.

빅뱅이 터진 장소는?

138억 년 전 빅뱅에서 우주가 시작되었다는 것은 이처럼 움직일 수 없는 물증을 갖게 됨으로써 이제 빅뱅 이론에 대해 딴지를 거는 과학자가 거의 없습니다. 그런데 138억 년 전 빅뱅이 있었다면, 그 장소는 어디일까요? 앞에서 말했듯이 우주는 중심도 가장자리도 없는 구조이므로, 당연히 빅뱅이 일어난 곳은 이 우주 전체일 수밖에 없습니다. 그 한 점 공간이 팽창되어 오늘에 이르고 있으므로, 당신이 있는 바로 그곳이 빅뱅이 일어난 현장이라고 해도 틀린 말은 아닙니다.

우주론이 이쯤에 이르면, 다음과 같은 질문이 나오게 마련이죠.

그렇다면 빅뱅 이전에는 무엇이 있었나? 이에 대한 천문학자들의 답은 이렇습니다. "빅뱅과 함께 시간과 공간이 탄생했으므로, 그런 질문은 성립되지 않는다. 북극점에 서서 북쪽이 어디냐고 묻는 것이나 마찬가지다."

그런데 이런 답을 벌써 1,500년 전에 내놓은 사람이 있었습니다. 초기 기독교 철학자로 《고백록》을 쓴 성 아우구스티누스가 한 신자로부터 "하나님은 천지창조 이전에 무엇을 하셨습니까?" 하는 질문을 받자, "너같이 묻는 놈을 잡아 넣기 위해 지옥을 만들고 계셨다"라는 막말을 했다는데, 이건 가짜 뉴스고, 다음과 같이 답했다고 합니다. "천지가 창조됨으로써 비로소 시간이 시작되었기 때문에 그 전이란 말은 의미가 없는 것이다." 현대의 물리학자와 다름없는 생각입니다. 놀라운 지성이라 하겠습니다.

'빅뱅 이전'의 문제에 대해 영국 물리학자 스티븐 호킹이 자신의 생각을 밝힌 적이 있습니다. 생전 마지막 인터뷰에서 "무엇인가가 있기 전에는 무엇이 있었는가?"라는 질문에, 호킹 박사는 '무경계 제안no-boundary proposal'이라고 알려진 이론에 기댄 답변을 내놓았습니다.

'우주의 경계조건은 경계가 없다는 것'이라고 밝힌 호킹 박사는 "이 이론을 더 잘 이해하려면 (우주를 제어하는) 유니버설 리모컨을 잡고 되감기를 누르십시오. 오늘날 과학자들이 알고 있듯이 우주는 끊

우리는 스스로 빛나는 별이다

임없이 팽창하고 있습니다. 시간을 과거로 되돌리면 그에 따라 우주는 축소됩니다. 되감기를 끝까지 하면(약 138억 년 전까지) 전체 우주가 단일 원자의 크기로 줄어듭니다"라고 말했습니다.

이 만물의 원시원자는 특이점으로 알려져 있죠. 무한대의 밀도와 극한의 온도가 한 점에 농축된 이 특이점에서는 우리가 알고 있는 모든 물리법칙이 작동을 멈춥니다. 다른 말로 하면, 우주가 팽창하기 전에는 시간 자체가 존재하지 않았다는 뜻이죠. 시간의 화살은 우주가 점점 작아지면서 무한히 한 점으로 축소되는 출발점에는 도달하지 못하며, 시간이나 공간, 물질은 빅뱅과 함께 비로소 존재하게 되었다는 것입니다. 호킹 박사는 '빅뱅 이전'을 이렇게 규정했습니다.

"빅뱅 이전의 사건은 정의되지 않았습니다. 왜냐하면 아무 일도 일어나지 않았기 때문입니다. 빅뱅 이전의 사건들에는 아무런 관찰 결과가 없으므로 이론으로 추구할 대상에서 벗어나며, 시간은 빅뱅에서 비로소 시작되었다고 말할 수 있습니다."

모든 물리법칙이 멈추는 극한의 특이점은 인간의 이성까지 작동 불능으로 만드는 것 같습니다.

빅뱅의 태초 우주에서 일어난 일들

세계를 이루고 있는 모든 물질을 구성하는 기본 단위는 원자입니다. 양성자와 중성자로 이뤄진 원자핵과 그 주위를 도는 전자 등으로 이루어져 있죠. 이런 원자들은 더 이상 나누어지지 않는 기본 요소라는 뜻에서 원소라고 부르죠.

화학 책에 실려 있는 주기율표에는 110개 정도의 원소가 배열되어 있습니다. 그중 자연에서 발견되는 원소는 90가지 정도입니다. 이 90가지 원소가 우리 몸을 비롯해 우주 삼라만상의 모든 것을 만들고 있다고 생각하면, 이 우주는 참으로 신비로운 곳임을 새삼 느끼게 됩니다.

양자역학의 확립에 기여해 노벨 물리학상을 받은 리처드 파인먼(1918~88)은 일찍이 원자에 대해 이렇게 규정했습니다.

"다음 세대에 물려줄 과학 지식을 단 한 문장으로 요약한다면, '모든 물질은 원자로 이루어져 있다'는 것이다."

파인먼의 말을 그대로 받아들인다면 물리는 원자에서 시작해 원자로 끝난다고 할 수 있습니다. 그렇다면 원자의 크기는 대체 얼마나 될까요? 전형적인 원자의 크기는 10^{-10}미터입니다. 1억 분의 1센티미터란 얘기죠. 상상이 안 가는 크기죠. 중국 인구와 맞먹는 10억 개를 한 줄로 늘어놓아야 가운뎃손가락 길이만 한 10센티미터가 된다는 겁니다. 각설탕만 한 $1cm^3$의 고체 속에는 이런 원자가 10^{23}개쯤 들어 있습니다. 지구의 모든 바다에 있는 모래알 수와 맞먹는 숫자입니다.

그럼 원자핵의 크기는 얼마나 될까요? 약 10^{-15}미터입니다. 원자의 10만 분의 1 정도죠. 원자의 크기는 원자핵을 중심으로 돌고 있는 전자 궤도가 결정합니다. 결론적으로 말하면, 원자는 그 부피의 10^{-15}(부피는 세제곱), 곧 1천조 분의 1을 원자핵이 차지하고, 그 나머지는 모두 빈 공간이라는 뜻입니다.

원자가 잠실야구장만 하다면 원자핵은 그 한가운데 있는 콩알보다도 더 작습니다. 지구상의 모든 물질을 원자핵과 전자의 빈틈없는 덩어리로 압축한다면 지름 200미터의 공이 됩니다. 자연은 원자를 제조하는 데 너무나 많은 공간을 남용했다고 해도 할 말이 없을 것 같네요.

그렇다면 우리가 살아가고 있는 세계, 우주를 만들고 있는 90가지의 원소는 언제 어디에서 어떻게 만들어졌을까요? 이 90가지의 원소는 각각 출생지와 제조 방법이 다릅니다. 이 원소의 기원을 아는 것이 곧 만물의 기원을 아는 것입니다.

20세기 물리학자들과 화학자들이 원소의 기원을 맹렬하게 추적한 것은 '만물의 기원은 무엇인가' 묻는 인류의 오랜 수수께끼를 풀기 위한 작업이라 할 수 있습니다. 과학자들은 그 숙제를 훌륭하게 해냈습니다. 그 덕분에 우리는 원소들이 어떻게 만들어졌는지 자세히 알 수 있게 되었습니다. 이런 점에서 우리는 그 과학자들에게 마땅히 경의를 표해야 합니다. 그 속에는 빅뱅 이론의 주창자 가모프,

정상 우주론자 호일 등이 포함되어 있습니다.

천지를 만든 하나님의 '말씀'은 수소였다

　은하와 성운, 별과 행성 등 우주의 물질들을 구성하고 있는 원자의 대부분은 수소와 헬륨입니다. 가장 많은 원소는 수소인데, 그냥 많은 정도가 아니라 다른 모든 원소보다 압도적으로 많습니다. 질량으로 보면 70퍼센트, 원소의 양으로 보면 90퍼센트가 넘습니다.

　그다음으로 많은 원소는 헬륨으로, 질량으로 28퍼센트, 원소의 양으로 9퍼센트를 차지합니다. 그러니까 수소와 헬륨이 질량비로 98퍼센트를 차지하며, 원소의 양으로 우주 내 물질의 약 99퍼센트를 차지하는 셈이죠. 다른 원소는 모두 합해도 질량으로 2퍼센트, 원소의 양으로 1퍼센트에 지나지 않습니다. 세 번째로 많은 원소는 산소인데, 그래 봤자 수소의 1000분의 1 이하입니다. 그리고 질량이 높은 원소일수록 그 양은 적습니다.

　그런데 지구의 원소 조성비는 우주와 사뭇 다릅니다. 지각에서 가장 많은 비중을 차지하는 원소는 산소로, 46.6퍼센트나 됩니다. 그다음이 규소 27.7퍼센트, 알루미늄 8.1퍼센트, 철 5퍼센트, 칼슘 3.6퍼센트, 나트륨 2.8퍼센트, 칼륨 2.6퍼센트, 마그네슘 2.1퍼센트 순이죠.

　이런 것을 보면 지구가 우주에서 얼마나 특이한 존재인지 알 수 있습니다. 물론 그렇지 않다면 우리는 존재할 수 없었겠죠.

이처럼 우주 삼라만상을 이루는 원소 중에서 수소가 가장 많은데, 대체 왜 그런 걸까요? 거기에는 분명 그럴 만한 이유가 있습니다. 이 질문에 답하려면 빅뱅이 일어난 때로 돌아가야 합니다. 빅뱅은 주기율표의 원소들을 만들어 우주를 짓는 벽돌로 사용했습니다.

원소들은 각기 고유한 개수의 아원자 입자를 가집니다. 양전하를 띤 양성자, 중성자, 그리고 음전하를 띤 전자가 그것들이죠. 수소는 양성자 하나와 전자 하나로 이루어진 원소로, 중성자를 갖지 않은 유일한 원소이기도 합니다. 우주에 수소가 가장 많은 이유는 이같이 수소가 가장 단순한 구조를 가졌기 때문입니다.

빅뱅이 일어난 직후 몇 분 만에 태초의 뜨거운 우주 공간은 수소와 헬륨으로 가득 찼습니다. 수소와 헬륨이 빅뱅 직후 태초의 우주 공간에서 생성되었다는 것을 처음으로 밝혀낸 사람은 조지 가모프와 랠프 알퍼입니다. 우주 팽창의 사실이 밝혀지자 가모프와 그의 제자 알퍼는 우주의 팽창 과정을 되짚어 가면 어떤 일이 일어나는지 살펴보는 연구를 시작했습니다. 우주가 작아질수록 온도와 밀도가 올라가 결국에는 모든 원자가 그 구성 입자인 양성자, 중성자, 전자가 각기 분리된 상태에 도달합니다. 극고온에서는 각 입자들의 에너지가 너무 커서 입자들을 묶어 원자핵을 만들 수 없기 때문이죠.

그러나 우주가 팽창하면서 온도가 계속 내려가자 양성자 한 개가 전자 하나를 붙잡아 수소가 대량으로 만들어졌고, 그다음으로 양성자와 중성자들이 결합해 헬륨 원자핵과 약간의 리튬, 붕소 원자핵을 만들었습니다. 그러나 우주가 팽창함에 따라 일정한 온도 이하로 내려가자 더 이상 원자핵들이 만들어질 수 없게 되었습니다. 원자핵을 구성하는 입자들의 에너지가 너무 작아져 전기적 반발력을 이기고 서로 묶일 만큼 가까워질 수 없게 된 거죠. 따라서 빅뱅에 의한 원소의 제조는 여기에서 끝났습니다.

가모프와 알퍼는 이러한 내용을 1948년 〈화학원소의 기원〉이라는 논문을 통해 발표했는데, 이 논문은 우주에 존재하는 수소-헬륨 원자 수의 비가 약 10대 1이라는 것도 성공적으로 설명했습니다. 이로써 물질로서 만물의 기원은 수소임이 밝혀졌고, 인류는 오랜 화두에 답을 찾기에 이른 것입니다. 그래서 천문학자들은 성서에 나오는 "태초에 하나님이 '말씀logos'으로 천지를 창조하셨다"는 성구의 그 '말씀'이 바로 수소였다고 주장하기도 한답니다.

만물의 기원이 바로 수소였다는 이 소식을 탈레스나 라이프니츠가 들었다면 얼마나 기뻐했을까요? 대견한 후생들이라고 크게 칭찬했을 겁니다. 그런 의미에서 이 시대를 살고 있는 우리는 행운아라 할 수 있겠죠.

우주에서 가장 흔한 수소는 인체에서도 생명 유지에 필수적인 역할을 합니다. 유전자 정보를 만드는 DNA 생성에도 관여하며, 우

우리는 스스로 빛나는 별이다

리 몸의 위나 다른 장기 내의 pH(물의 산성-알칼리성 정도를 나타내는 수소 이온 농도 지수) 조절에도 필수적인 기능을 하죠.

그러나 무엇보다 중요한 수소의 효용은 바로 산소와 결합해 생명의 근원인 물(H_2O)을 만든다는 사실입니다. 수소에 불을 붙이면 폭발합니다. 산소에 불을 붙이면 무섭게 탑니다. 그런데 이 두 기체가 만나면 불을 끄고 생명의 근원이 되는 물이 됩니다. 물의 정체를 맨 처음 알아낸 화학자는 물질의 오묘함에 몹시 놀랐을 것입니다. 그러고 보니 "만물의 근원은 물이다!"라고 외친 탈레스의 말이 반은 맞은 셈이라고 할 수도 있겠네요.

한편, 수소는 아주 위험한 원소의 하나이기도 합니다. 수소 폭탄은 인류의 종말을 가져올 만큼 파괴적입니다. 이런 수소 폭탄 핵실험이 1950년대 미국과 소련, 영국, 프랑스, 중국 등에 의해 감행되었다고 합니다. 또한 머지않아 수소로 굴러가는 차가 지구촌을 누빌 것으로 보입니다.

가장 단순하면서도 우주에 가장 많은 수소. 그러나 수소가 지닌 오묘한 신비는 아직까지 다 밝혀지지 않고 있습니다. 그래서 물리학자들은 수소를 알면 물리학을 다 안 것이나 진배없다는 말을 하고 있죠.

참고로, 관측 가능 우주에 있는 모든 원소의 개수는 10^{98}개이며, 우리 몸을 구성하는 원자의 종류는 약 60종, 개수는 약 10^{29}개입니다. 그중 수소가 3분의 2를 차지하죠. 그 수소는 모두 빅뱅 공간에서 탄생한 것입니다. 온 우주에서 수소를 만들 수 있었던 환경은 빅뱅 공간이 유일하기 때문이죠. 그러므로 여러분은 138억 년 전 빅뱅의 유물을 몸으로 갖고 있다는 뜻이니, 우리 모두는 장구한 우주의 역사와 엮인 참으로 유구한 존재라 할 수 있습니다.

우주는
얼마나 큰가?

세기의 대논쟁, 1920년 4월 26일

20세기 초만 하더라도 사람들은 우리 은하가 우주의 전부라고 생각했습니다. 그러나 1920년대 후반 미국의 한 천문학자가 최초로 외부 은하를 발견함으로써 우리 은하 뒤로도 무수한 은하가 늘어서 있다는 사실이 밝혀지면서, 별안간 우리 은하는 우주 속의 조그만 조약돌 신세로 전락하고 말았습니다.

이 발견 하나로 일약 천문학계의 영웅으로 떠오른 사람이 앞서 잠깐 언급한 미국 천문학자 에드윈 허블입니다. 사실 이 외부 은하의 발견이 허블의 첫 출세작이지요. 그리고 나서 얼마 후 다시 우주 팽창을 발견함으로써 천문학사에 불멸의 이름을 남겼습니다. 그러니까 우주란 상당히 오래 쓰인 말 같지만, 그 진정한 뜻은 20세기 들어와서 비로소 밝혀진 셈이죠.

허블이 발견하기 전부터 사람들은 밤하늘을 가로지르는 밀키 웨이(은하수)의 정체를 알고 있었습니다. 이미 300년도 더 전에 갈릴레오 갈릴레이가 자신이 만든 망원경으로 은하수를 들여다보고는, 그것이 우유를 엎지른 자국이 아니라 어마어마한 별무리가 뭉쳐 있는 것이라고 인류에 고했던 것입니다.

그로부터 100년 뒤 18세기 독일의 철학자 칸트는 은하수에 대한 놀라운 추론을 내놓았습니다. 칸트는 회전하는 거대한 성운이 응축하면서 원반 모양이 되고, 원반에서 별들이 탄생했으며, 은하수가 길게 한 줄로 보이는 것은 우리가 원반 면에 딱 붙어서 보고 있기 때문이라고 설명했습니다. 우리 태양계 역시 그러한 성운의 회전 운동에서 태어난 거라고 주장했는데, 태양의 자전 방향과 행성들의 자전-공전 방향이 다 같은 것이 바로 그 증거라고 해석했지요. 이것이 이른바 칸트의 '성운설'입니다. 오늘날 들어 보아도 입이 딱 벌어지는 해석 아닙니까. 칸트는 여기에 그치지 않고 한 걸음 더 나아가, 우리 은하 바깥으로도 무수한 은하가 섬처럼 흩어져 있으며, 우리 은하는 그 수많은 은하 중 하나일 뿐이라는 '섬우주론'을 내놓았습니다.

우리는 스스로 빛나는 별이다

'이것이 내 우주를 파괴한 편지다'

이 섬 우주론이 끈질기게 살아남아 200년 뒤 미국에서 다시 도마 위에 올랐습니다. 제1차 세계 대전의 연기가 채 가시기 전인 1920년, 우주를 사색하는 일단의 사람들이 한 장소에 모여 두 편으로 갈라져 세기의 대논쟁을 벌였습니다. 장소는 워싱턴의 미국과학아카데미, 주제는 '우주의 크기'였습니다. 그리고 우주의 크기를 결정하는 시금석은 안드로메다 성운이었는데, 그 성운이 우리 은하 안에 있는가, 바깥에 있는가 하는 문제였죠.

하버드 대학의 할로 섀플리와 릭 천문대의 히버 커티스를 축으로 나뉘어 논쟁은 불꽃을 튀었는데, 둘 다 우주에 대해 내로라하는 일급 천문학자였습니다.

두 사람의 이력서를 잠시 살펴보면, 먼저 섀플리는 1919년 최초로 우리 은하계의 구조와 크기를 밝히고, 우리 태양계의 은하계 속 위치를 찾아냄으로써 태양계가 은하 중심에 있을 거라는 종전의 생각을 뒤집어 놓았습니다. 그러고는 안드로메다 성운은 우리 은하 안에 있는 것이 틀림없다고 선언했죠. 태양계가 우리 은하의 중심에 있지 않다는 섀플리의 우리 은하 모형은 학계에 큰 파문을 일으켰고 우주관에 큰 변혁을 가져왔죠. 이는 지구 중심설을 몰아낸 코페르니쿠스의 업적에 버금가는 업적이라 할 수 있습니다.

이러한 섀플리의 반대편에 선 커티스는 칸트의 섬 우주론을 지지하는 쪽으로, 우리 은하의 모양은 지름 4만 광년의 타원체이며, 태양은 그 중심 가까운 곳에 위치한다는 모델을 들고 나왔습니다. 커티스는 안드로메다 성운까지의 거리를 50만 광년이라고 주장했는데, 이는 섀플리 모형에서 주장하는 우리 은하 크기를 훌쩍 넘어서는 거리였습니다. 즉 커티스는 안드로메다 성운은 우리 은하 안에 있는 성운이 아니라, 우리 은하 밖의 외부 은하임이 틀림없다고 결론 내린 거죠.

대논쟁은 불꽃이 튀었지만 승부가 나지는 않았습니다. 판정을 내려 줄 만한 잣대가 없었습니다. 해결의 핵심은 별까지의 거리를 결정하는 문제로, 예나 지금이나 천문학에서 가장 골머리를 앓던 난제였죠. 그러나 판정은 엉뚱한 곳에서 내려졌습니다. 3년 뒤, 혜성처럼 나타난 신출내기 천문학자 허블에 의해 승패가 가려졌습니다. 그의 관측으로 안드로메다 성운은 우리 은하 밖에 있는 또 다른 은하임이 드러난 것입니다. 이로써 칸트의 섬 우주론은 200년 만에 다시 화려하게 등장했습니다. 논쟁의 진정한 승자는 칸트였던 셈이죠.

허블에게서 안드로메다 성운까지의 거리를 결정한 편지를 받았을 때, 섀플리는 "이것이 내 우주를 파괴한 편지다"라고 주위 사람들에게 말했답니다. "나는 판 마넌의 관측 결과를 믿었지. 어쨌든 그는 내 친구니까." 섀플리는 당시 윌슨산 천문대에 있던 동료이자 친구인 판 마넌의 관측값에 근거해 논문을 썼던 거죠.

우리는 스스로 빛나는 별이다

여담이지만, 섀플리는 학문적으로 반대편에 섰던 허블에게 여러 차례 거친 말로 모욕을 당한 적이 있지만 끝까지 허블에게 관대하게 대했답니다. 그뿐만 아니라 "허블은 뛰어난 관측자다. 나보다 몇 배는 더 훌륭하다"고 상찬했다니, 섀플리는 대인배였던 모양입니다. 평생을 은하 연구에 바쳤던 섀플리는 1972년 콜로라도주의 한 요양원에서 영면했습니다. 향년 87세. 그는 인간과 우주의 관계를 아우른 다음과 같은 명언을 남기기도 했습니다.

"우리는 뒹구는 돌들의 형제요, 떠도는 구름의 사촌이다We are the brothers of the rolling stones and the cousins of the floating clouds."

우주 크기 체험하기 '사고실험'

별과 은하들은 우리가 상상할 수 없을 정도로 먼 거리에 있습니다. 대체 얼마나 멀리 떨어져 있는 걸까요? 우리가 가진 모든 상상력을 동원해도 실감하기 어려울 정도로 어마무시하게 멀리 있습니다. 바로 눈에 빤히 보이는 별이라도 가장 빠른 로켓으로 달려 몇만 년, 몇십만 년은 족히 걸리는 거리입니다.

흔히 천문학은 상상의 과학이라고 합니다. 상상력이 없었더라면 지동설이든 빅뱅 이론이든 어떤 천문학적 이론도 태어나지 못했을 것입니다. 그래서 아인슈타인은 상상력이 지식보다 위대하다고 말했죠.

과학에는 사고 실험이란 게 있습니다. 현실에서는 하기 힘든 실험을 상상력으로 하는 것을 말합니다. 이 사고 실험에 가장 능한 과학자가 바로 아인슈타인입니다. 그의 상대성 이론은 모두 그의 사고 실험에서 나온 것들이죠. 사고 실험의 대가라 할 만합니다.

우리도 아인슈타인을 본받아 사고 실험으로 우주의 크기를 실감해 보도록 합시다. 먼저 가장 가까운 천체인 달까지의 거리는 약 38만 킬로미터입니다. 지구 지름이 약 1만 3천 킬로미터니까, 지구를 30개쯤 늘어놓는다면 얼추 달까지 닿습니다. 빛으로는 1초 남짓 걸리지만, 시속 100킬로미터의 차를 타고 달린다면 158일, 석 달 남짓 걸립니다.

그다음으로, 우리에게 가장 가까운 별인 태양까지의 거리는 약 1억 5천만 킬로미터입니다. 이걸 1천문단위^{AU}라고 하는데, 꽤 멉니다. 빛으로는 8분이면 주파하지만, 시속 100킬로미터 자동차로 달린다면 무려 170년 동안 가속 페달을 밟고 있어야 하는 거리입니다. 그 먼 거리에서 내뿜는 별빛이 이리도 뜨겁다니 믿기지 않는 일이지만, 이것이 지구(지름)의 109배나 되는 크기와 태양 표면 온도 6천도의 위력입니다. 태양이 만약 10퍼센트만 지구 가까이 위치했다면 지구상에는 어떤 생명체도 살지 못했을 겁니다. 우리는 부디 태양이 그 자리를 지켜 주기를 기도해야 합니다.

이제 훌쩍 건너뛰어 태양계 끝자락에 있는 명왕성으로 가보죠.

우리는 스스로 빛나는 별이다

여기에는 맞춤한 자료가 하나 있습니다. 바로 NASA 탐사선 보이저 1호가 1990년 2월 14일 지구로부터 60억 킬로미터 떨어진 명왕성 궤도 부근에서 찍은 지구 사진입니다. 이 아이디어를 낸 《코스모스》의 저자 칼 세이건이 '창백한 푸른 점Pale Blue Dot'이라고 이름한 사진이죠.

| 창백한 푸른 점. 보이저 1호가 60억 킬로미터 떨어진 명왕성 궤도 부근에서 찍었다. 광막한 허공에 떠 있는 한 점 티끌 위에 70억 인류가 아웅다웅하며 살고 있다.

사진을 보면 황도대의 희미한 빛줄기 위에 떠 있는 한 점 티끌이 바로 지구입니다. 아침 햇살 속에 떠도는 창 앞의 먼지 한 점과 별로 다를 게 없어 보입니다. 그 티끌 표면적 위에 70억 인류와 수천만 종의 생물이 살아가는 것입니다. 이 정도 거리만 나가도 지구는 거의 존재를 찾아보기 힘듭니다.

지금 40년 이상 비행을 계속하고 있는 보이저 1호는 몇 년 전 태양계를 벗어나 성간 공간으로 진출했습니다. 인간이 만든 722킬로그램짜리 피조물이 지금 태양과 다른 별 사이의 호수와도 같이 고요한 성간 공간을 날아가고 있습니다. 총알 속도의 17배인 초속 17킬로미터 속도로 날아가고 있는 보이저 1호는 인간이 만든 물건으로는 우주에서 가장 멀리 날아가는 기록을 세우고 있습니다.

거리로는 지구에서 약 220억 킬로미터. 이제는 고성능 카메라로 사구를 찍어 봐도 티끌 한 점 나타나지 않는 이 거리는 초속 30만 킬로미터인 빛이 달리더라도 20시간이 걸리며, 지구와 태양 간 거리의 145배(145AU)가 넘습니다. 자, 그럼 시속 100킬로미터의 자동차로 달린다면 얼마나 걸릴까요? 놀라지 마시라. 무려 2만 5천 년이 걸립니다. 하지만 이처럼 광대한 태양계도 은하 규모에 갖다 대면, 조그만 물웅덩이에 지나지 않는답니다.

가장 가까운 별까지 6만 년

은하까지 가기 전에 태양에서 가장 가까운 별인 프록시마 센타우리부터 방문해 보도록 합시다. 거리가 4.2광년입니다. 가장 가까운 이웃 별인 이 별까지 빛이 마실 갔다 오는 데 8년 넘게 걸리는 셈이죠. 그 빠른 빛도 우주 크기에 비한다면 달팽이 걸음에 지나지 않습니다.

그렇다면 인간이 가장 빠른 로켓을 타고 갈 경우 얼마나 걸릴까요? 인류가 이제껏 끌어낸 최대 속도는 초속 23킬로미터입니다. 이는 2015년 명왕성을 근접 비행한 NASA 탐험선 뉴호라이즌스가 목성의 중력 보조를 받아 만들어낸 속도로, 지구 탈출 속도의 2배가 넘습니다. 대략 총알보다 23배 빠르다고 생각하면 됩니다. 뉴호라이즌스에 올라타 프록시마 별까지 신나게 달려 보죠. 그럼 얼마나 달려야 할까요? 1광년이 약 10조 킬로미터니까, 4.2광년은 약 42조 킬로미터죠. 이 거리를 뉴호라이즌스가 밤낮없이 달려도 무려 6만 년이 걸립니다. 왕복하려면 12만 년이죠. 가장 가까운 별까지 가는 데도 이렇게 걸린다는 얘기입니다. 이것이 바로 인류가 외계 행성으로 진출할 수 없는 가장 큰 이유입니다. 우리는 이처럼 우주 속에서 엄청난 공간이란 장벽으로 유폐되어 있는 셈입니다.

남은 과제가 하나 더 있습니다. 뉴호라이즌스를 타고 우리 은하 끝에서 끝까지 한번 가보는 겁니다. 우리 은하는 지름이 약 10만 광년입니다. 프록시마까지 간 자료가 있으니까 비례 계산을 하면 답은 금방 나오죠. 14억 년! 우주 역사의 약 10분의 1에 해당하는 시간입니다. 이는 인류에게 거의 영겁이라 할 만하죠.

이런 은하가 우주 공간에 약 2천억 개 있고, 은하 간 공간의 평균 거리는 수백만 광년입니다. 그리고 우주의 크기는 NASA에 의해 약 930억 광년이라는 계산이 나와 있죠. 930억 광년이란 인간의 모든 상상력을 동원해도 실감하기 어려운 크기입니다. 지금도 빛의 속도로 팽창하고 있는 우주가 앞으로 얼마나 더 커질는지는 아무도 모릅니다.

| 허블 우주망원경이 찍은 프록시마 센타우리. 태양 다음으로 가까운 4.2광년의 별. 우주선으로 6만 년이 걸린다.

이처럼 우주는 광대합니다. 터무니없을 정도로 광대합니다. 그래 서 어떤 천문학자는 이런 푸념을 하기도 했죠. "신이 만약 인간만을 위해 우주를 창조했다면 엄청난 공간을 낭비한 것이다."

우주 크기 체험하기, 어느 정도나 실감하셨습니까?

우리는 스스로 빛나는 별이다

우주는
끝이 있을까?

우주는 끝이 있다? 없다?

우주에 관해 가장 궁금한 것 중 하나는 과연 우주는 끝이 있을까 하는 문제일 겁니다. 지금 이 순간에도 쉬지 않고 빛의 속도로 팽창하고 있는 이 우주의 끝은 과연 어디일까요? 우주의 끝이라고 할 만한 게 있긴 할까요?

우리의 경험칙에 비추어 보면 모든 것은 시작과 끝이 있습니다. 그런데 이것을 우주에 적용하면 '에러'가 뜹니다. 끝이 있다는 것은 그 바깥으로 다른 무언가가 또 있다는 뜻입니다. 우주에 끝이 없다면 크기가 무한대라는 뜻인데, 일찍이 아리스토텔레스는 무한대는 상상의 산물일 뿐 실재하지 않는다는 것을 삼단논법으로 멋들어지게 증명한 바 있습니다. 이렇게요. '무한대라 하더라도 유한한 것들의 집합일 수밖에 없다. 유한한 것들은 아무리 합쳐 봐야 그 결과는 유한하다. 그러므로 무한대란 존재하지 않는다.'

그러니까 우주에 대해선 끝이 있다는 것도 모순이요, 없다는 것도 모순이라는 논리가 됩니다. 이처럼 우주의 끝을 찾는 문제는 언뜻 단순한 듯하면서도 실상은 오묘하기 그지없는 문제입니다. 왜냐하면 그것은 우주의 구조와 맞물려 있는 문제이기 때문입니다. 우리가 볼 수 있고 관측할 수 있는 우주에 국한해서 생각한다면 우주의 끝은 분명 있습니다. 우주가 138억 년 전에 태어났으니까, 우리는 빛이 138억 년을 달리는 거리까지만 볼 수 있을 뿐입니다. 그것을 우주의 지평선이라고 합니다.

우리는 우주 지평선 너머에 있는 사건들을 볼 수가 없습니다. 우주 지평선 너머에는 과연 무엇이 있을까요? 우주의 등방성과 균일성을 신줏단지처럼 믿고 있는 천문학자들은 그곳의 풍경도 이쪽의 풍경과 별반 다르지 않을 거라고 생각합니다. 신은 공평하니까 여기와 크게 다르게 거기도 무엇을 창조해 놓았을 리는 없다고 생각하는 거죠. 하지만 아무도 확신할 수는 없습니다. 우리는 영원히 그 너머의 풍경을 엿볼 수 없으니까요.

이런 사연으로 인해 우주의 끝 문제는 그리 간단하지 않습니다.

우리는 스스로 빛나는 별이다

우주의 구조가 우리가 일상적으로 겪고 보는 것들과 전혀 다른 형태인 것도 또 한 가지 이유입니다.

안과 밖이 따로 없는 우주의 구조

우주의 끝 문제에 대해 최초로 과학적인 가설을 내놓은 사람은 아인슈타인입니다. 그가 생각한 우주의 형태는 '유한하나 경계가 없는 우주'입니다. 즉 우주는 일정한 크기가 있긴 하지만, 안팎의 경계가 없는 구조라는 뜻입니다. 그러니까 우주는 끝이라고 할 만한 것이 존재하지 않는다는 얘기입니다.

뭐? 그런 게 어디 있어? 안이 있으면 바깥도 있는 거지. 사람들은 보통 상식적으로 그렇게 생각하지만, 그렇지 않은 사물들도 있습니다. 뫼비우스의 띠만 해도 그렇습니다. 한 줄의 긴 띠를 한 바퀴 틀어 서로 연결해 보면 그 띠에는 안과 밖이 따로 없습니다. 국소적으로는 안팎이 있지만, 전체적으로는 서로 연결된 구조죠. 만약 개미가 그 띠 위를 계속 기어가면 자신이 출발한 곳의 반대 면으로 오게 됩니다.

이건 2차원이지만 3차원 버전도 있습니다. 클라인 병은 더 극적인 현상을 보여 줍니다. 1882년 독일 수학자 펠릭스 클라인이 발견한 이 병은 안과 바깥의 구별이 없는 공간을 가진 구조입니다. 클라인 병을 따라가다 보면 공간이 뒷면으로 이어집니다. 그러니 안과

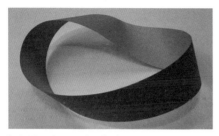

| 뫼비우스의 띠. 종이 끝을 테이프로 이었다. 개미가 띠 위를 계속 기어가면 자신이 출발한 곳의 반대 면으로 오게 된다.

밖이 반드시 따로 있다는 것은 우리의 고정관념일 뿐이죠. 3차원의 우주는 이런 식으로 휘어져 있다는 얘기입니다.

따라서 우주에는 중심과 가장자리가 따로 없습니다. 내가 있는 이 공간이 우주의 중심이라 해도 틀린 얘기가 아니죠. 우주의 모든 지점은 중심이기도 하고 가장자리이기도 하다는 뜻입니다.

아인슈타인이 무한한 우주가 불가능한 이유는 그럴 경우 중력이 무한대가 되고, 모든 방향에서 쏟아져 들어오는 빛의 양도 무한대가 되기 때문이라고 보았습니다. 그리고 공간의 한 위치에 떠 있는 유한한 우주는 별과 에너지가 우주에서 빠져나가는 것을 막아줄 것이 아무것도 없기 때문에 역시 불가능하며, 오로지 유한하면서 경계가 없는 우주만이 가능하다고 생각했습니다.

아인슈타인의 일반 상대성 이론에 따르면, 우주는 시공간이라는 근본적인 천으로 짜여 있고, 이 천은 물질에 의해 휘어져 있다는 것입니다. 우리가 중력을 느끼는 것은 이 휘어진 시공간의 기하학적인 효과라고 봅니다. 미국의 물리학자 존 휠러는 아인슈타인의 시공간

우리는 스스로 빛나는 별이다

개념을 "물질은 공간의 곡률을 결정하고, 공간은 물질의 운동을 결정한다"라는 말로 표현했습니다.

우주에 존재하는 질량이 공간을 휘어지게 만들고, 그래서 우주 전체로 볼 때 우주는 그 자체로 완전히 휘어져 들어오는 닫힌 시스템입니다. 따라서 유한하지만, 경계나 끝도 없고, 가장자리나 중심도 따로 없는 우주라는 겁니다. 이것이 바로 깊은 사유 끝에 아인슈타인이 도달한 우주의 구조입니다.

독일 물리학자 막스 보른은 "유한하지만 경계가 없는 우주의 개념은 지금까지 생각해왔던 세계

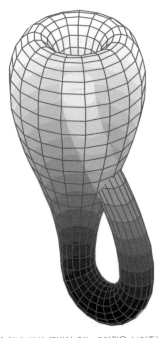

| 안과 밖의 구별이 없는 3차원을 보여주는 클라인 병. 공간의 한계상 몸체를 뚫고 들어가는 것처럼 그려졌지만, 실제 클라인 병은 자기 자신을 뚫고 들어가지 않는다.

의 본질에 대한 가장 위대한 아이디어의 하나"라고 평했습니다.

현재 우주의 크기는 약 930억 광년이라는 NASA의 계산서가 나와 있습니다. 138억 년 전에 태어난 우주가 이처럼 큰 것은 초기에 빛의 속도보다 빠르게 팽창했기 때문입니다. 이를 인플레이션이라고 합니다. 아인슈타인의 특수 상대성 이론에 따르면 우주에서 빛보

다 빠른 것은 없다고 하지만, 우주는 공간 자체가 팽창하는 것이기 때문에 그에 구애받지 않습니다. 어쨌든 현대 우주론은 우주의 끝에 대해 이렇게 결론 내리고 있습니다.

'우주는 유한하나 그 경계는 없다.'

우주의 나이는 어떻게 알까?

사람들은 대상이 무엇이든 그 나이를 알고 싶어 합니다. 골동품을 보면 얼마나 오래된 것인지 묻고, 또래를 만나면 '민증'부터 까보죠. 지구와 은하, 우주에 대해서도 마찬가지입니다. 하지만 이들의 나이를 알아내기란 그리 쉬운 일이 아니었죠. 과학자들의 숱한 땀과 노력을 요구했습니다.

지구의 나이는 약 46억 년으로 밝혀졌지만, 지질학자들이 1세기에 가까운 노력을 기울여서 겨우 알아낸 사실이죠. 지구의 '민증'을 까는 데는 방사성 연대 측정법을 이용했습니다. 방사성 원소의 붕괴는 오로지 시간에만 관련될 뿐, 주위의 압력이나 온도 등에는 전혀 영향을 받지 않고 규칙적으로 붕괴합니다. 이들 원소가 붕괴되어 반으로 줄어드는 시간을 반감기라고 하는데, 탄소-14의 반감기는 6천 년이고, 우라늄 235와 238의 반감기는 각각 7억 400만 년, 44억 7천만 년입니다. 이 방법을 이용해 지구의 암석에 들어 있는 방사성 원소의 반감기를 정밀 측정해서 얻은 값이 약 46억 년입니다.

우리는 스스로 빛나는 별이다

우주의 나이는 지구의 나이보다 많을 게 뻔하죠. 우주의 나이를 어림하는 데 최초로 사용된 것은 늙은 별들의 집단인 구상 성단[4]입니다. 과학자들이 구상 성단 속에서 가장 늙은 별을 조사해 본 결과 120억 년에 근접한다는 사실을 알아냈습니다. 은하계에 있는 구상 성단들의 평균 나이가 이 정도이기 때문에, 우주의 나이는 적어도 120억 년보다 많다는 계산이 나옵니다. 이에 비해 46억 살가량인 우리 태양계는 우주에서 한참 어린 신참자라는 사실을 알 수 있습니다.

천문학자들은 이에 만족하지 않고 다른 도구를 찾아 나섰죠. 은하계를 샅샅이 뒤진 끝에 죽은 별의 시체라고 할 수 있는 백색 왜성을 찾아냈습니다. 크기는 지구만 하지만 질량은 태양 정도여서, 각설탕만 한 크기가 1톤에 이를 만큼 놀라운 밀도를 가진 별이죠. 백색 왜성은 중간 이하의 질량을 지닌 항성이 핵융합을 마치고 적색 거성이 된 다음, 외부 대기는 우주 공간으로 방출되면서 행성상 성운을 만들고, 별의 중심핵만 남은 천체입니다. 말하자면, 에너지를 생성하는 별로서는 폐업하고 차츰 식어 가는 일만 남은 셈인데, 가장 차가운 백색 왜성의 표면 온도는 수천 도가량 됩니다.

---

4) 은하계의 원반부를 둘러싸듯이 공 모양으로 분포해 있는 성단으로, 100개 정도가 발견되고 있다. 나이가 100억 년 이상이며, 각각의 구상 성단에는 약 10만 개의 별이 구상으로 분포되어 있다.

이 별의 냉각 시간을 계산해 본 결과, 이에 이르는 시간은 110~120억 년으로 추산되었습니다. 이 역시 구상 성단의 나이와 비슷한 것으로 보아 120억 년을 우주 나이의 기준선으로 설정했습니다.

우주 나이에 관한 결정적인 물증은 르메트르의 빅뱅과 허블의 우주 팽창에서 나왔습니다. 우주가 한 원시원자에서 출발해 오늘까지 팽창을 계속하고 있다면, 이 시간을 필름 돌리듯 되감기하면 우주 탄생의 시점에 도달할 수 있을 것 아닌가! 너무나 간단한 방법이었죠. 곧, 우주의 팽창 속도를 측정하고, 이 값으로부터 거꾸로 우주의 크기가 0이 될 때까지의 시간을 계산함으로써 우주의 나이를 추론할 수 있게 된 것입니다.

우주의 팽창 속도는 허블 상수가 말해 줍니다. 허블 상수는 지구로부터 100만 파섹(326만 광년) 거리당 후퇴 속도를 나타냅니다. 이 허블 상수를 이용해 우주가 지금의 크기로 팽창하는 데 걸리는 시간을 계산할 수 있는데, 허블 상수의 역수를 취하면 바로 허블 시간 Hubble time 이라고 부르는 우주의 나이죠. 허블 상수가 50일 때는 우주 나이가 약 200억 살, 100일 때는 약 100억 살이 나옵니다.

그런데 문제는 허블 상수를 정하는 게 그리 간단치 않다는 점입니다. 허블이 처음 구한 허블 상수는 500이었습니다. 이 값을 대입하면 우주 나이가 지구 나이보다 적은 것으로 나옵니다. 그러나 차츰 정밀한 관측으로 허블 상수가 조정되면서 137억 년이란 우주 나

우리는 스스로 빛나는 별이다

| 플랑크 관측 위성과 우주 배경 복사. 플랑크 위성은 정밀한 우주 배경 복사 관측으로 우주의 나이가 138억 년이란 걸 밝혔다.

이를 얻게 되었습니다.

2013년 3월, 유럽 우주국의 플랑크 위성이 정밀한 우주 배경 복사 관측으로부터 얻은 데이터로 구한 허블 상수는 약 67.80km/s/Mpc이었습니다. 이 값으로 다시 계산하면 우주의 나이는 137.98 ± 0.37억 년으로, 이는 오차가 0.268퍼센트에 불과한 정확도를 가진 값입니다. 그러니 간단하게 우주의 나이를 138억 년으로 기억하도록 하죠.

138억 년이란 얼마나 오랜 시간일까요? 우리가 백 살을 산다고 칠 때, 이를 초 단위로 나타내면 약 30억 초입니다. 그러니까 138억 년이란 시간은 우리 인간에겐 거의 영겁이라 해도 무방하지 않을까요?

우주 팽창 속도가 점점 빨라지고 있다?

1998년, 허블 우주 망원경으로 아주 먼 거리에서 폭발한 초신성을 면밀히 관측한 결과, 오랜 과거에는 우주가 지금보다 느리게 팽창했다는 사실을 발견했습니다. 두 팀의 천문학자 연구진이 그동안의 관측 데이터를 분석한 결과 똑같이 이러한 결론에 이르렀습니다. 이들 연구에 따르면, 더 먼 은하일수록 더 빠른 속도로 멀어져 간다고 합니다. 우주의 가속 팽창을 발견해 인류에게 보고한 세 명의 과학자는 2011년 노벨 물리학상을 받았습니다.

그렇다면 왜 우주는 점점 더 빨리 팽창하고 있을까요? 무엇이 우주 팽창의 가속 페달을 밟고 있다는 걸까요? 현재 과학자들은 암흑 에너지를 유력한 용의선상에 올려놓고 있습니다. 미스터리에 싸인 암흑 에너지의 존재가 우주를 더욱 가속 팽창시키고 있다는 사실은 천문학자들을 당혹감에 빠뜨렸습니다. 그러나 암흑 에너지의 정체가 무엇인지는 아직 아무도 모릅니다. 존재 자체는 의심할 바 없는데, 그 얼굴과 신상 파악이 전혀 안 되는 거죠.

그래서 암흑 에너지는 암흑 물질과 함께 현대 물리학의 최대 수수께끼이자 화두가 되고 있습니다. 현재까지 암흑 에너지에 대해 확

우리는 스스로 빛나는 별이다

실히 알려진 것은 우주 전체 질량의 4분의 3을 차지하고 있다는 사실뿐입니다. 암흑 에너지의 성질을 모르기 때문에 우주가 계속 팽창할지 어떨지 판단할 방법이 없습니다. 우주의 운명을 결정지을 장본인은 이 암흑 에너지라고 할 수 있습니다.

4퍼센트의 우주

우주를 이루고 있는 물질 중에는 이처럼 보이지 않는 물질이 압도적으로 많습니다. 사실 우리 눈에 보이는 별이나 행성, 은하들이 차지하는 비중은 4퍼센트밖에 안 됩니다. 나머지 96퍼센트는 보이지 않는 것들, 곧 암흑 물질과 암흑 에너지라는 얘기죠.

이 둘에 '암흑'이라는 접두어가 붙은 것은 빛과 상호작용을 하지 않아서 보이지 않으며, 그 정체를 알지 못한다는 뜻입니다. 그래도 천문학자들은 그들의 존재를 믿어 의심치 않습니다. 왜냐하면 그들이 일반 물질과 중력으로 상호 작용함으로써 그 존재를 드러내고 있기 때문이죠.

복면을 쓴 이 암흑 물질의 얼굴을 본 과학자는 아직까지 한 사람도 없습니다. 그 존재를 뼈저리게 느끼지만, 얼굴이 어떻게 생겼는지는 모른다는 말이죠. 복면 금지법이라도 만들어야 하나요? 현대 물리학과 천문학의 최대 화두가 바로 암흑 물질과 암흑 에너지입니다. 누구든 이들의 정체를 밝혀내기만 한다면 노벨 물리학상은 예약

된 거나 마찬가지입니다. 우리나라 과학자가 이 우주의 비밀을 밝혀 노벨상을 받으면 얼마나 좋을까요.

　암흑 물질과 암흑 에너지를 뺀 나머지 4퍼센트가 은하와 별, 행성들을 만들고 있는 가시저인 물질입니다. 이 4퍼센트 물실 위에 까치발을 하고 서서 캄캄한 우주를 올려다보고 있는 존재가 바로 우리 인간인 것입니다. 우리가 살고 있는 이 우주는 우리가 생각하고 상상하는 것 이상으로 기괴한 동네임이 분명합니다.

우리는 스스로 빛나는 별이다

우주는
어떤 종말을 맞을까?

은하들이 안 보인다

우주는 '무'에서 시작해 빅뱅을 거친 후 급팽창을 거듭해, 이윽고 별과 은하의 씨앗을 탄생시키고 오늘날의 대규모 구조에 이르기까지 진화를 계속해 왔습니다. 그렇다면 이 우주는 앞으로도 계속 팽창할 것인가? 아니면 언젠가 이 팽창을 멈추고 수축할 것인가? 그것은 전적으로 이 우주에 물질이 얼마나 담겨 있는가에 달려 있습니다. 우주의 미래를 판단하는 데는 이 우주의 물질 밀도가 결정적인 역할을 합니다.

아인슈타인의 일반 상대성 이론에 따르면, 중력은 물질뿐 아니라 우주 공간 자체에도 영향을 미칩니다. 즉 물질이 갖는 중력은 우주 팽창에 브레이크 역할을 합니다. 그리고 이 제동력의 크기는 물질의 양에 따라 결정됩니다. 제동력과 우주 팽창의 힘이 균형을 이루면 우주는 팽창을 멈춘 것입니다. 이때의 물질량을 우주의 임계 밀도라고 합니다.

현재의 우주 밀도와 임계 밀도의 관계에 따라 우주의 운명이 판가름 나는데, 그 가능성은 세 가지입니다. 참고로, 우주의 임계 밀도는 $1m^3$당 수소 원자 10개 정도입니다. 이게 어느 정도의 밀도인가 하면, 큰 성당 안에 모래 세 알을 던져 넣으면 수많은 은하와 별들을 포함하고 있는 지금의 우주 밀도보다 더 높습니다. 이것은 인간이 만들 수 있는 어떤 진공 상태보다 완벽한 진공이죠. 우주는 이처럼 태허太虛 자체인 것입니다.

우주의 미래는 우주 밀도가 임계 밀도보다 작으면 우주는 영원히 팽창하고(열린 우주), 그보다 크면 언젠가 팽창을 멈추고 수축하기 시작할 것입니다(닫힌 우주). 또 다른 가능성은 팽창과 수축을 반복하며 끝없이 순환하는 것입니다(진동 우주). 우주 밀도와 임계 밀도가 같아 곡률이 없는 편평한 우주라면, 언젠가 우주 팽창이 끝나지만 그 시점은 무한대가 됩니다.

최근의 관측 결과는 2퍼센트 오차 범위 내에서 우주가 편평한 것으로 나타났습니다. 우리는 다소 지루하겠지만 당분간 팽창하는 우주를 하염없이 바라다볼 운명인 셈입니다.

그러나 어느 쪽의 우주가 되든, 우주가 열평형과 무질서도(엔트로피)[5]의 극한을 향해 서서히 무너지는 것은 우울하지만 피할 수 없는 운명으로 보입니다. 이른바 열사망熱死亡[6]이라는 상태죠. 많은 이론물리학자가 우주는 언젠가 종말에 이를 것이며, 그 과정은 이미 시작되었다고 믿고 있습니다.

우주 종말 3종 세트

우주가 어떻게 끝날지는 확실히 알 수 없지만, 과학자들은 대략 다음과 같은 세 개의 시나리오를 뽑아 놓고 있습니다. 이른바 대함몰big crunch, 대파열big rip, 대동결big freeze입니다.

이 종말 시나리오 3종 세트에 따르면, 우주는 결국 스스로 붕괴를 일으켜 완전히 소멸하거나, 우주 팽창 속도가 가속화됨에 따라 결국 은하를 비롯한 천체들과 원자, 아원자 입자 등 모든 물질이 찢겨 종말을 맞을 거라고 합니다.

대파열 시나리오에 따르면, 강력해진 암흑 에너지가 우주의 구

---

5) 자연적인 현상은 비가역적이며 이는 무질서도가 증가하는 방향으로 일어난다. 이를 수치적으로 보여 주는 것이 엔트로피로, 무질서도의 척도다. 열역학 제2법칙.
6) 엔트로피가 최대가 되어 모든 물질의 온도가 일정하게 된 우주. 이러한 상황에서는 어떠한 에너지도 일할 수 없고 우주는 정지한다.

조를 뒤틀어 처음에는 은하들을 갈가리 찢고, 블랙홀과 행성, 별들을 차례로 찢습니다. 이러한 대파열은 우주를 팽창시키는 힘이 은하를 결속시키는 중력보다 더 세질 때 일어나는 파국입니다.

우주의 팽창이 나중에 빛의 속도로 빨라지면 물질을 유지시키는 결속력을 와해시켜 대파열로 나아가게 됩니다. 그 결과 우주는 무엇에도 결합되지 않은 입자들만 캄캄한 우주 공간을 떠도는 적막한 무덤이 될 것입니다.

또 다른 종말 시나리오는 대함몰입니다. 이것은 우주가 팽창을 계속하다가 점점 힘에 부쳐 속도가 떨어질 것이라는 가정에 근거한 것입니다. 그러면 어떻게 되는가? 어느 순간 팽창하는 힘보다 중력의 힘 쪽으로 무게 추가 기울어져 우주는 수축으로 되돌아서게 됩니다. 수축 속도는 시간이 지남에 따라 점점 더 빨라져 은하와 별, 블랙홀들이 충돌하고 마침내 빅뱅이 시작되기 직전의 한 점이었던 태초의 우주로 대함몰합니다.

이 폭력적인 과정은 물리학에서 상전이相轉移라고 일컫는 것으로, 예컨대 물이 가열되다가 어떤 온도에 이르면 기체인 수증기가 되는 현상 같은 것입니다.

마지막 시나리오는 열사망으로 불리는 대동결입니다. 이것이 현대 물리학적 지식으로 볼 때 가장 가능성이 높은 우주 임종의 모습이라고 합니다.

우리는 스스로 빛나는 별이다

대동결설에 따르면, 우주 팽창에 따라 모든 은하 사이의 거리가 멀어져, 1,000억 년 정도 후에는 관측 가능한 범위 내에서 어떤 은하도 보이지 않게 됩니다. 그때까지 만약 지적 생명체가 우리 은하에 살고 있어 망원경으로 온 우주를 뒤지더라도 별 하나, 은하 하나 보이지 않게 됩니다.

현재 우리 우주에 수소가 전체 원소 가운데 90퍼센트를 차지하지만, 결국 별들이 이 수소를 모두 소진하면서 소멸의 길을 걷게 되는데, 별들은 차츰 빛을 잃어 희미하게 깜빡이다가 하나둘 스러지고, 우주는 정전된 아파트촌처럼 적막한 암흑 속으로 빠져들 겁니다.

몇백조 년이 흐르면 모든 별은 에너지를 탕진하고 더 이상 빛을 내지 못할 것이며, 은하들은 점점 흐려지고 차가워집니다. 은하 속을 운행하는 죽은 별들은 은하 중심으로 소용돌이쳐 들어가 최후를 맞을 것이며, 10^{19}년 뒤에 은하들은 뭉쳐져 커다란 블랙홀이 됩니다. 하지만 몇몇 죽은 별들은 다른 별들과의 우연한 만남을 통해 은하계 밖으로 내던져짐으로써 이러한 운명에서 벗어나 막막한 우주 공간을 외로이 떠돌 겁니다.

10^{108}년 후에는 블랙홀과 은하 등 우주의 모든 물질이 사라지게 됩니다. 심지어 원자도 붕괴를 피할 길이 없습니다. 그러면 우주는 소립자들만 어지러이 날아다니는 공간이 됩니다. 그동안 공간이 엄청나게 팽창했기 때문에 소립자의 밀도도 낮아질 대로 낮아진 쓸쓸

한 공간만 암흑 속에 잠겨 있는 그런 세계가 될 것입니다.

종국에는 모든 물질의 소동이 사라지고, 어떤 에너지도 존재하지 않는 우주는 하나의 완벽한 무덤이 됩니다. 이것이 바로 영광과 활동으로 가득 찼던 대우주의 우울하면서도 장엄한 종말입니다.

우리는 스스로 빛나는 별이다

우주에서 가장 큰 별, 얼마나 클까?
- 별 하나가 태양계를 다 삼킨다

우주에서 가장 큰 별은 과연 얼마나 클까? 우주의 척도는 우리의 상상력을 비웃는다. 지금까지 관측된 바에 따르면, 가장 큰 별은 방패자리 UY 스쿠티UY Scuti 라는 별로, 태양 크기의 1,700배 정도되는 것으로 밝혀졌다. 이런 별을 극대거성hypergiant star 이라고 하는데, 반지름이 태양 반지름의 10~100배 정도인 거성giant star, 그리고 100배 이상인 초거성supergiant star 의 상위 클래스다. 대표적인 초거성으로는 오리온자리의 베텔게우스가 있다.

UY 스쿠티의 크기가 우주 최대이긴 하지만, 질량이 최대인 별은 아니다. 질량은 태양보다 약 30배 무거울 뿐이다. 이 정도로는 명함도 못 내민다. 우주에서 가장 무거운 별은 태양의 265배에 달하는 황새치자리의 R136a1이란 별이다. 하지만 이 별의 크기는 태양의 약 30배밖에 되지 않는다. 이처럼 별의 크기와 질량이 반드시 비례하는 것은 아니다. 특히 거성일 경우에는 더욱 그렇다.

UY 스쿠티는 질량은 태양의 30배이지만, 반지름 크기는 무려 1,700배에 달한다. 천문단위AU로 보면 8천문단위(1AU는 지구-태

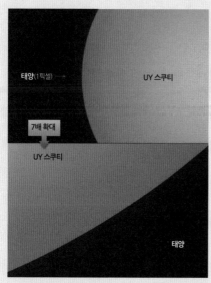

| 우주 최대 별 극대거성 방패자리 UY. 태양의 1,700배로, 비행기를 타고 이 별 둘레를 한 바퀴 돌려면 무려 1천 년이 걸린다.

양 간 거리)이고, 미터법으로 환산하면 12억 킬로미터나 된다. 지구로부터 9,500광년 거리에 있는 UY 스쿠티를 태양 자리에 끌어다 놓으면 그 크기가 목성 궤도를 넘어 거의 토성 궤도에 육박하는 엄청난 것이다. 하나의 물체가 이렇게 클 수 있다니, 놀라운 일이 아닐 수 없다.

인간의 척도로 보면 지구는 엄청나게 거대하다. 하지만 별들과 비교하면 참으로 티끌 하나에 지나지 않는다. 만약 지구를 지름 20센티미터인 축구공이라면 방패자리 UY의 높이는 약 1만 3천 미터로 에베레스트산 높이의 1.5배가 된다.

비행기를 타고 지구를 한 바퀴 도는 데는 이틀이면 족하다. 그러나 당신이 비행기를 타고 이 별 둘레를 한 바퀴 돌려면 무려 1천 년이 걸린다. 그러나 이런 별도 우주에 비하면 역시 모래알 하나에 지나지 않는다. 우주는 이처럼 광막하다.

우리는 스스로 빛나는 별이다

UY 스쿠티는 시간에 따라 밝기가 변하는 변광성이다. 별의 크기가 역시 시간에 따라 신축을 거듭하기 때문이다. 이처럼 대부분 별은 크기가 고정되어 있지 않다. 별 자체가 가스체여서 표면이 단단하지 않고 끊임없이 요동치기 때문이다.

'천문학'은 힘이 세다
- 강력한 '조망 효과(Overview Effect)'

2013년 인간이 만든 피조물로는 최초로 태양계를 벗어나 성간 공간으로 진입한 보이저 1호를 따라 2018년 12월에 보이저 2호가 두 번째로 태양계를 떠나 성간 우주로 진출했다. 이들 인류의 두 우주 척후병은 한국어를 비롯한 55개 언어로 된 지구 행성인의 인사말과 사진 110여 장 등이 담긴 골든 레코드를 지니고 있다.

보이저 1호가 출발한 지 13년 만인 1990년 2월 14일, 지구로부터 60억 킬로미터 떨어진 명왕성 궤도 부근을 지날 때 뜻하지 않은 명령을 전달받았다. 카메라를 지구 쪽으로 돌려 지구를 비롯한 태양계 가족사진을 찍으라는 명령이었다. 이 아이디어를 처음 낸 사람은 천문학 동네의 아이디어맨이자 《코스모스》의 저자인 칼 세이건이었다.

그러나 반대가 만만찮았다. 그것이 인류의 의식을 약간 바꿀 수 있을지는 모르지만, 과학적으로는 별로 의미가 없다는 게 그 이유였다. 게다가 망원경을 지구 쪽으로 돌리면 자칫 태양 빛이 카메라 망원 렌즈로 바로 들어가 고장을 일으킬 위험이 크기 때문에, 이는 끓는 물에 손을 집어넣는 거나 다름없는 위험한 행위라고 나사 과학자들은 생각했다.

천문학자는 원래 낭만주의자라 우주를 이해하지 못하면 우리 자신을 이해할 수 없다고 믿지만, 상황이 상황인지라 칼 세이건도 아쉽지만 한 발 뒤로 물러설 수밖에 없었는데, 마침 새로 부임한 우주인 출신 리처드 트룰리 신임 국장이 결단을 내렸다. "좋아, 그 멀리서 지구를 한번 찍어 보자!"

트룰리는 우주의 조망이 인간의 의식에 얼마나 강한 영향을 미치는지 몸소 체험한 우주인 출신이기에 이런 결정을 내릴 수 있었다. 그날 태양계 바깥으로 향하던 보이저 1호가 지구-태양 간 거리의 40배(40AU)나 되는 60억 킬로미터 떨어진 곳에서 카메라를 돌려 찍은 지구의 모습은 그야말로 광막한 허공에 떠 있는 한 점 티끌이었다. 그 한 티끌 위에서 70억 인류가 오늘도 아웅다웅하며 살아가고 있다.

이때 보이저 1호가 찍은 것은 지구뿐이 아니었다. 해왕성과 천왕성, 토성, 목성, 금성 들도 같이 찍었는데, 이 모든 태양계 행성들 역

우리는 스스로 빛나는 별이다

시 우주 속에서는 먼지 한 톨에 불과했다.

칼 세이건은 이 '한 점 티끌'을 '창백한 푸른 점'으로 명명하고 "여기 있다! 여기가 우리의 고향이다"라고 시작되는 감동적인 소감을 남겼는데, 그중에 "천문학은 흔히 사람에게 겸손을 가르치고 인격 형성을 돕는 과학"이라는 대목이 나온다.

이제껏 찍은 모든 천체 사진 중 가장 철학적인 천체 사진으로 꼽히는 이 '창백한 푸른 점'을 보면 인류가 우주 속에서 얼마나 외로운 존재인가를 느끼게 되며', 지구가, 인간이 우주 속에서 얼마나 작디작은 존재인지 절감하게 된다. 이러한 우주를 보고 받는 충격을 '조망 효과Overview Effect'라고 한다.

이 같은 조망 효과는 우리 주변에서도 더러 볼 수 있다. 얼마 전한 별지기 친구가 들려준 이야기가 바로 그러한 사례가 될 것 같다. 별지기 친구는 어느 날 동네의 학교 운동장에 천체망원경을 설치하고 목성 관측을 시작했다. 대략 밤의 학교 운동장은 빛 공해가 비교적 적어 별지기들이 즐겨 찾는 장소 중 하나다.

그날은 유난히 밤하늘이 투명하고 목성을 관측하기가 좋은 시기인지라 한창 관측하고 있는데 저 멀리 어둠 속에서 사람들의 소리가 들려왔다. 이윽고 신발 끄는 소리와 침 뱉는 소리를 내면서 서너 명의 청소년이 주위를 에워싸고는 "대체 뭐 하는 거야?" "망원경 보는 것 같은데"라고 말하면서 서성거렸다. 이런 상황에서 웬만한 사람이라면 긴장되게 마련인데, 그 별지기는 현명한 친구였다. "야, 오늘 밤 정말 목성이 예쁘게 보이네. 대적점도 뚜렷하군. 저거 봐. 4대 위성이 나란히 다 보이는구만." 그러고는 아이들에게 말을 건넸다. "얘들아, 너희도 망원경으로 목성 한번 볼래?"

망원경으로 천체를 보여 주겠다는데 거절하는 사람을 나는 아직껏 본 적이 없다. 아이들이 줄레줄레 다가와 망원경 접안렌즈에 눈을 갖다 대고 들여다보았다. 그런 와중에도 별지기는 열심히 목성에 대해 설명했다. "저 목성은 말이야, 태양계 행성 중에서 가장 큰 놈인데, 지름이 우리 지구의 무려 열 배나 된단다. 몸통의 붉은 점 보이지? 대적점이라는 건데, 목성의 폭풍이야. 지구가 너끈히 들어가는 크기란다. 그리고 그 옆으로 나란히 늘어서 있는 작은 별들 보이지? 그게 사실은 별이 아니고 목성의 달들이란다. 갈릴레오가 발견했다고 해서 갈릴레오 위성이라 불리지."

아이들은 별지기의 설명을 들으며 한 순배 관측을 끝냈다. 그다음의 변화가 놀라웠다. 신발을 끌며 침 틱틱 뱉던 아이들이 하나같이 머리를 깊숙이 숙이며 "잘 봤습니다" 하고 인사한 뒤 가더라는 것이다. "천문학은 사람을 겸손하게 만든다"는 칼 세이건의 말이 생각나는 순간이었다고 별지기는 전해 주었다.

이보다 클래스가 다른 조망 효과가 또 있다. 남미 콜롬비아의 메데인 시의 일인데, 아시다시피 남미는 마약과 갱단, 폭력이 난무하

우리는 스스로 빛나는 별이다

는 곳이라, 메데인 시 역시 그런 문제점을 많이 지닌 도시였다.

시장이 범죄로 물든 도시의 분위기를 혁신하기 위해 4가지 테마로 의욕적인 프로젝트를 추진했다. 4가지 테마는 곧 음악, 미술, 스포츠, 천문학이었다. 시장은 특히 천문학 테마에 심혈을 기울여 시민 천문대와 천체 투영관(플라네타리움)을 건립하고, 시민 누구나 언제든 천문대에 와서 천체를 관측하고 천체 투영관을 감상하도록 오픈했다.

그 결과는 놀라웠다. 대표적인 예로, 어느 날 그 도시의 십 대 청소년 갱 보스가 부하 수십 명을 거느리고 천문대를 찾아 천체 투영관도 감상하고 천체도 관측한 뒤 이렇게 말했다고 한다. "우주가 이렇게 넓은데 우린 그동안 너무 좁쌀같이 살았어. 골목 하나를 뺏기 위해 피나게 싸웠다. 우리는 다시 학교로 돌아가 공부해야 한다." 그러고는 중퇴한 학교로 돌아갔다고 한다.

메데인 시는 천문학을 포함한 4가지 프로젝트로 도시 분위기를 일신하는 데 성공해 2013년 〈월 스트리트 저널〉 선정 '세계의 혁신 도시'에 올랐다.

이처럼 천문학은 힘이 세다. 천문학은 사람의 인성과 정신에 큰 영향을 끼치는 과학이자 철학이다. 천문학처럼 사람들에게 정서와 의식 양면으로 강력한 영향을 끼치는 도구는 달리 없을 것이다. 어른들은 아이들에게 우주를 되도록 많이 보여 주는 데 투자해야 하며, 우리나라 지방자치단체들도 이쪽으로 눈을 돌릴 필요가 있을 것 같다.

우리는 스스로 빛나는 별이다

2장.

별과 은하
너머로

빛은 낮을 축복하고,
어둠은 밤을 성스럽게 한다.
이 얼마나 아름다운 세상인가!
−루이 암스트롱의 노래
〈이 멋진 세상에서(What a wonderful world)〉 중에서

'별'을
아십니까?

빅뱅, 제대로 알아봅시다

요즘 빅뱅이라는 말을 자주 듣습니다. 그룹 이름도 빅뱅이고, 무슨 큰 소동도 빅뱅이라고들 합니다. 우리말로 하면 '큰 쾅Big Bang' 정도 되겠네요.

이 말을 가장 처음 사용한 사람은 정상 우주론자인 프레드 호일입니다. 그가 라디오 프로그램에 나와서 대폭발설을 비꼬는 뜻으로 "그렇다면 빅뱅이라도 있었다는 건가?" 하고 말한 데서 비롯되었습니다. 그러자 넉살 좋은 빅뱅 우주론자 조지 가모프가 옳다구나 하고 그 말을 냉큼 받아 빅뱅이라고 쓰기 시작하면서 '대폭발 가설'은

우리는 스스로 빛나는 별이다

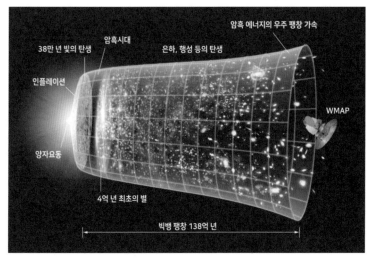

| 빅뱅과 인플레이션 모델에 따른 우주의 역사.

빅뱅 이론이라는 이름으로 굳어진 거죠.

그렇다면 빅뱅이란 정확히 어떤 것을 말하는 걸까요? 태초의 우주에는 지금까지 우주 공간에 존재했던 모든 물질을 구성하는 입자들이 특이점이라고 부르는, 무한대의 에너지와 밀도로 뭉쳐져 있었습니다.

초고온, 초고밀도의 에너지로 가득 찬 미시의 우주에는 물질이나 빛이 존재하지 않았습니다. 빅뱅 이론을 체계화한 가모프에 따르면, 이 상태는 우리가 상상할 수 없을 정도의 엄청난 초고온 불덩어리로, 불덩어리 우주 모델이라고 부르다가 나중에 정식으로 빅뱅 이론으로 명명했습니다.

우주 초기의 급팽창 이론(인플레이션)을 주창한 앨런 구스(1947~)
의 이론에 따르면, 아기 우주가 엄청난 속도로 팽창함에 따라 우주
의 온도는 빠르게 떨어졌습니다. 이후 인플레이션이 끝나고 팽창 속
도가 급격히 떨어지면서 팽창 에너지가 변해 물질과 빛을 탄생시켰
지요. 우리는 보통 태초의 원시원자인 특이점이 대폭발을 일으킨 것
을 빅뱅이라고 하지만, 현대 우주론의 표준 모델은 이 작열 상태의
우주 탄생을 빅뱅이라고 봅니다.

시간과 물질의 역사가 시작되다

이 태초의 우주 공간에는 먼저 입자와 반입자가 거의 같은 양으
로 만들어졌습니다. 반입자란 전하 등의 성질이 입자와 반대인 입
자를 말합니다. 입자와 반입자가 만나면 빛을 내면서 쌍소멸합니다.
이때 우주 공간에는 입자의 수가 반입자의 수보다 약간 많았기 때문
에 입자만 남게 되었습니다.

인플레이션이 끝난 이후 우주 온도는 약 1조 K 이상이었고, 이
때 탄생한 물질이 소립자들이었습니다. 말하자면 다양한 소립자가
안개 낀 듯 희부연 우주 공간을 가득 메운 채 날아다니는 그런 풍경
이었을 겁니다.

풍경은 곧 바뀌었습니다. 우주가 탄생한 지 약 1만 분의 1초 후

우리는 스스로 빛나는 별이다

우주 체온은 1조 K 이하로 떨어졌고, 낱낱으로 날아다니던 소립자(쿼크)들이 세 개씩 서로 결합해 양성자와 중성자를 만들었습니다. 이때 양성자 하나로 이루어진 수소가 처음으로 우주 공간에 모습을 드러냈습니다. 우주는 수소로 가득 찼습니다. 그 무렵엔 다른 원소들이 없었습니다.

오늘날 우리가 보는 이 세상의 만물은 바로 이때 탄생한 수소에서 빚어진 것들입니다. 따라서 138억 년 우주의 역사는 수소 진화의 역사라 할 수 있습니다. 수소로부터 모든 물질이 생성되었고, 그 물질의 역사가 오늘에 이른 것입니다. 나의 몸과 지구도 예외가 아닙니다. 우리 몸을 이루고 있는 원자 중 3분의 2가 빅뱅 공간에서 탄생한 수소라는 사실이 그것을 말해 줍니다.

《성경》에 "태초에 하나님이 말씀logos으로 천지를 창조하셨다"라는 성구를 빗대어 천문학자 할로 섀플리는 "그 말씀은 바로 수소였다"고 재치있게 표현했습니다.

'빅뱅 수소'의 여정을 따라가 봅시다. 우주 탄생 3분 후 우주 온도는 10억 K까지 내려가고, 양성자 한 개와 중성자 한 개가 결합해 중수소 원자핵이 생겼으며, 이어서 양성자 두 개와 중성자 두 개가 결합해 헬륨 원자핵이 만들어지는 등 핵융합 반응이 시작되었습니다. 서로 다른 원자핵들이 융합해 더 큰 원자핵을 만드는 핵융합 반응은 빅뱅에서 20분 정도 지나자 중단되었습니다.

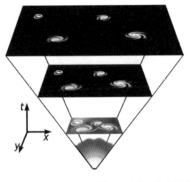

| 빅뱅 모델 개념도. 이 개념도는 평면 우주의 일부가 팽창하는 모습을 간략화한 것이다.

가모프의 빅뱅 이론에 따르면, 이때 원자핵의 비율은 질량 기준으로 75퍼센트가 수소, 25퍼센트가 헬륨 원자핵이고, 그 밖의 것들은 1퍼센트도 채 안 되는 걸로 나와 있습니다. 수소와 헬륨의 이 비율은 현재 우주 전체에서 두 원소의 존재비와 일치해, 빅뱅 이론의 정밀도를 증거해 주고 있습니다.

'빛이 있으라'

핵융합으로 헬륨 원자핵과 약간의 리튬 원자핵이 만들어진 다음에도 정작 원자는 나타나지 않았습니다. 아직까지 우주의 온도가 너무 높아 고에너지의 전자가 원자핵에 붙잡히지 않은 채 제멋대로 공간을 돌아다니기 때문이죠. 말하자면 우주의 핵과 전자 수프는 원자핵 따로, 전자 따로인 '따로국밥' 같은 상황이었습니다. 따라서 빛도 전자들과 충돌하는 바람에 직진하지 못했고, 우주는 뿌옇게 안개가 낀 듯한 상태였습니다.

이들이 서로 결합하기 시작한 것은 우주 탄생 약 38만 년이 지난

우리는 스스로 빛나는 별이다

뒤 우주 온도가 3천 K까지 내려갔을 때였습니다. 그러자 전자의 비행 속도가 떨어져 양전기를 띤 원자핵에 붙잡혀 핵 주위를 돌게 되어 비로소 완전한 원자의 탄생이 이루어졌습니다.

그러자 원자의 탄생을 축하라도 하는 듯 빅뱅에서 출발한 빛도 이때 환한 모습을 드러냈습니다. 전자가 원자에 포착되어 말끔히 사라지자 빛은 비로소 마음껏 직진했고 우주는 맑게 개어 투명해졌습니다. 이를 '우주의 맑게 갬'이라고 부릅니다. 이때의 빛이 바로 현재 우주 배경 복사가 되어 138억 년 뒤 펜지어스와 윌슨에게 최초로 발견된 것입니다.

별이 반짝이는 이유

인류는 수만 년 동안 밤하늘의 반짝이는 별들을 쳐다보았지만, 별이 무엇으로 그렇게 반짝이는 빛을 내는지 도무지 알 수 없었습니다. 가볼 수가 없으니까요. 심지어 태양과 별이 다 같은 항성이라는 사실도 몰랐습니다. 어떤 이들은 태양이 빛나는 건 엄청난 석탄을 태우기 때문이라는 황당한 주장을 하기도 했죠.

별이 반짝이는 원인, 그 에너지원을 인류가 알아낸 것이 채 100년도 안 됩니다. 별들이 내뿜는 그 어마어마한 에너지의 원천을 최초로 밝힌 사람은 독일 태생의 미국 물리학자 한스 베테입니다. 제2차 세계 대전 직전인 1938년, 베테가 별 내부에서 수소가 헬륨으로 변환되는 핵융합에 관한 'CN 연쇄 이론'을 발표함으로써 별의 에너지는 핵융합에서 나온다는 사실이 비로소 밝혀졌습니다. 수만 년 동안 별이 반짝이는 이유를 알지 못했던 인류의 궁금증은 한스 베테 덕분에 비로소 풀린 것입니다.

여담이지만, 별의 핵융합을 처음 발견한 베테가 약혼녀와 함께 바닷가를 거닐고 있을 때 그녀가 서녘 하늘을 가리키며 말했답니다.

"저기 저 별 좀 봐. 정말 예쁘지?"

"응, 그런데 저 별이 왜 빛나는지 아는 사람은 세상에서 나뿐이지."

아직 논문을 발표하지 않은 때였답니다. 베테는 별의 에너지원 발견으로 1967년 노벨 물리학상을 받았습니다. 무려 30년 후에 말이죠. 노벨상을 받으려면 베테처럼 명이 길어야 합니다. 20세기 물리학의 마지막 거인이라 불린 그는 백 살에서 꼭 한 살 빠지는 아흔아홉 살(2005년)에 우주로 떠났습니다.

퍼스트 스타가 나타나다

최초의 별이 우주에 모습을 나타낸 것은 우주 탄생 이후 약 2억년이 흐른 때였습니다. 별의 산실은 거대한 성운 속이었는데, 그 성운은 빅뱅 우주에 나타난 수소 구름이었습니다. 빅뱅 직후 태초의 우주에 수소 원자나 분자가 생겨나고, 상호 중력에 의해 뭉쳐지기 시작하면서 우주 여기저기에 수소 원자 구름이 뭉게뭉게 피어오르기 시작했습니다. 물질의 밀도가 약간 높은 곳에서는 중력이 그만큼 강해지므로 더 많은 구름을 모으게 되고, 이 같은 과정이 되풀이면서 거대한 성운으로 자랐습니다.

이러한 성운은 중심을 향해 중력을 행사하고, 원자 구름이 중력에 의해 계속 수축함에 따라 성운은 거대한 회전 원반으로 변합니다. 회전하는 원반에는 구심력과 원심력이 같이 작용합니다. 그리고 작게 응축될수록 회전 속도는 빨라집니다. 피겨 스케이트 선수가 회전하다가 팔을 움츠리면 회전이 더 빨라지는 것과 같은 이치입니다. 바로 각운동량 보존의 법칙이라고 하죠.

이윽고 회전하는 성운 원반 중심에는 거대한 수소 공이 자리 잡고, 바깥으로는 원심력에 의해 다른 덩어리들이 만들어집니다. 그리고 마침내 수소 공 중심부에 고온 고압의 환경이 조성되고, 온도가 1천만 K를 돌파하면 하나의 사건이 발생합니다. 바로 수소 핵융합 반응이 시작되는 거죠. 수소 원자 네 개가 헬륨 원자 하나로 융합하면서 약간의 결손 질량이 생기는데, 거기서 엄청난 에너지를 방출하는 반응이죠. 아인슈타인의 상대성 이론에서 나온 유명한 방정식 $E = mc^2$이라는 관계식에 따라 엄청난 핵에너지가 나오는데, 그 위력은 이미 히로시마에서 입증된 바 있죠(여기서 E(erg)는 질량 m(g)과 동등한 에너지. c는 진공 중의 광속도).

이로써 수소 공에 불이 반짝 켜지고 최초의 빛이 우주 공간으로 방출됩니다. 이것이 바로 '스타 탄생'입니다. 이렇게 우주에 최초의 별이 생겨난 것은 언제일까요? 최근 플랑크 관측위성으로 우주 배경 복사를 정밀하게 관측해서 밝혀낸 우주의 물질 분포에 따르면, 팽창하는 우주에서 중력에 의해 은하의 씨앗이 생기고 최초의 1세대 별, 퍼스트 스타가 탄생한 것은 우주 탄생 후 2억 년 무렵이라는 계산서가 나왔습니다. 이 별들이 모여서 별들의 부락인 은하를 만들고, 또 수많은 은하가 무리를 지으면서 138억 년의 진화를 거듭해 온 것이 바로 오늘의 대우주인 것입니다.

우리가 현대 과학에 힘입어 우주의 성립과 구조를 여기까지 이해하게 된 것에 대해, 20세기를 대표하는 물리학자 아인슈타인은 이렇게 말했습니다. "인간이 우주를 이해할 수 있다는 것이 가장 불가사의한 일이다."

별들의 생로병사

수소 가스 뭉치로 이루어진 별이지만, 별의 뜻은 심오합니다. 별이 없었다면 인류는 물론, 어떤 생명체도 이 우주 안에 존재하지 못했을 것이기 때문입니다. 모든 생명체는 별로부터 그 몸을 받았습니다. 살아 있는 모든 것의 어버이인 별도 뭇 생명처럼 태어나 살다가 이윽고 죽습니다. 비록 그 수명이 수십억, 수백억 년이긴 하지만.

우리는 스스로 빛나는 별이다

길고 긴 별의 여정을 따라가 볼까요. 새로 태어난 별들은 크기와 색이 제각각입니다. 고온의 푸른색에서부터 저온의 붉은색까지 다양하죠. 항성의 밝기와 색은 표면 온도에 달려 있으며, 근본적인 요인은 별이 가지고 있는 질량입니다. 질량은 보통 최소 태양의 0.085배에서 최대 20배 이상까지 다양하죠. 큰 것은 태양의 수백 배에 이르는 초거성도 있습니다.

우리는 흔히 항성을 붙박이별 또는 그냥 별이라고 부르는데, 항성이란 내부에서 핵융합 반응으로 에너지를 만들어 스스로 빛을 내는 천체를 일컫습니다. 스타를 스스로 타는 별이라고 풀이하기도 하더군요. 우리에게 가장 가까운 스타는 바로 태양이죠. 우리 태양은 3세대 별로 알려져 있습니다.《월든 호수》를 쓴 데이비드 소로는 태양을 아침에 뜨는 별이라고 표현했죠.

우주 공간에 최초로 나타난 1세대 별들의 특징은 하나같이 초거성이었다는 점입니다. 어떤 별은 태양의 수십 배에서 수백 배에 이르기도 하고, 표면 온도는 태양의 20배나 되는 10만 도를 웃돌았다고 합니다. 별의 빛깔은 표면 온도에 좌우되는데, 온도가 높을수록 청백색을 띱니다. 따라서 1세대 별들은 거의 청백색으로 밝게 빛났지요. 그리고 밝기는 태양의 수만 배에서 100만 배에 이르렀습니다. 그러나 별은 덩치가 클수록 수명은 기하급수적으로 짧아집니다. 태양은 100억 년 정도 살지만, 이들 1세대 별은 300만 년 사는 게 고작이었답니다.

여담이지만, 모든 별은 왜 공처럼 둥글까요? 그 답은 중력 때문입니다. 중력은 질량의 중심에서 작용합니다. 이 중력이 별의 모든 원소를 끌어당겨 서로 가장 가깝게 만들 수 있는 모양이 바로 구体입니다. 지름 500킬로미터 이상의 천체에서는 중력이 지배적 힘으로 작용해 자기 몸을 공처럼 주물러 둥그렇게 만들어 버리죠.

그렇다면 중력을 행사하는 별들이 서로 끌려가지 않는 이유가 궁금하지 않나요? 이것은 만유인력을 발견한 뉴턴도 많이 고민한 문제였죠. 중력은 인력으로만 작용하므로 뉴턴의 만유인력은 결국 우주의 모든 별을 한데 뭉치게 해야 한다는 결론이 나옵니다. 대파국이죠. 그런데 우주는 건재합니다. 뉴턴은 그 수수께끼를 결국 풀지 못했습니다.

오늘날 우리는 그 정답이 원심력임을 알아냈습니다. 별도 우리 태양계와 마찬가지로 은하의 중심핵 주위를 돌고 있습니다. 뉴턴이 답을 못 찾은 것은 당시에는 은하의 존재 자체를 몰랐기 때문이죠. 달이 지구로 떨어지지 않는 것 역시 지구 주위를 돌기 때문입니다. 그 회전 운동에서 나오는 원심력이 중력과 균형을 이루는 셈이죠. 별들이 은하 중심으로 곤두박질치지 않는 것도 같은 이치입니다. 은하끼리의 충돌이 일어나지 않는 것은 은하 사이의 거리를 떼어 놓는 우주 팽창 때문입니다.

우리는 스스로 빛나는 별이다

나그네의 오랜 길잡이별, 북극성

태양 다음으로 인류에게 가장 친숙한 별이 바로 북극성Pole Star이 아닐까 싶습니다. 지구 자전축을 연장했을 때 천구의 북극에서 만나는 별이죠.

2등성인 북극성은 지난 2천 년 동안 북극에 가장 가까운 휘성으로, 오랜 옛날부터 항해자에게 친근한 길잡이가 되어 주었고, 육로 여행자에게는 방향과 위도를 알려 주는 별이었습니다. 북극성이 가장으로 등록되어 있는 작은곰자리는 북극성을 포함한 일곱 개의 별로 이루어진 별자리로, 북두칠성을 큰 국자로 비유할 때 작은 국자에 비유됩니다. 그리스 신화에서는 큰곰자리와 함께 하늘로 올라간 새끼 곰의 하나라고 합니다.

이 작은곰자리 알파별7)로 폴라리스Polaris라는 영어 이름을 가진 북극성은 길잡이별이 되기에 여러 가지 좋은 조건을 갖추고 있습니다.

첫째, 천구 북극에서 불과 1도 떨어져 작은 반지름을 그리며 일주 운동을 한다는 점, 안시 등급이 2.5등으로 비교적 밝은 별이라는 점을 들 수 있고, 또 무엇보다 엄청난 하늘의 화살표가 북극성을 가리키고 있어 찾기 쉽다는 점입니다. 그것도 둘씩이나! 둘 다 눈에 잘 띄는 유명한 별자리로, 북두칠성은 큰곰자리 꼬리 부분의 일곱 별로

---

7) 어느 한 별자리를 이루는 별들 중에서 가장 밝게 보이는 별.

| 북극성 찾는 법. 국자 모양의 끝부분 두 별의 선분을 5배 연장하면 바로 북극성에 닿는다.

모두 2등성이 넘는 밝은 별이고, 카시오페이아는 다섯 개의 별로 이루어진 W자 모양의 별자리죠.

북두칠성에서 북극성을 찾는 방법은, 국자 모양의 끝부분 두 별의 선분을 5배 연장하면 바로 북극성에 닿게 됩니다. 카시오페이아에서 찾는 방법은 W자 바깥 부분 두 선분을 연장하여 만나는 가상의 점과 가운데 꼭짓점 별을 잇는 선분을 5배 연장하면 역시 북극성에 가 닿습니다.

북극성을 찾을 수만 있다면 지구 어디에 있든 자신의 위치를 가늠할 수 있다는 사실을 처음 알았을 때 느꼈던 뿌듯함을 아직도 기

우리는 스스로 빛나는 별이다

억합니다. 북극성을 올려본각이 바로 그 자리의 위도인 거죠. 예컨대 강화도에서 북쪽 하늘의 북극성을 바라본다면 38도쯤 됩니다. 따라서 강화의 위도는 북위 38도이고, 동서남북을 알 수 있는 거죠. 인류 역사상 수많은 항해자와 조난자가 이 북극성을 보고 자신의 활로를 찾아갔습니다.

북극성이 인류에게 베푼 공덕은 이뿐이 아닙니다. 고대인들은 이 북극성으로 인해 자신들이 살고 있는 지구가 공처럼 둥글다는 것을 알았습니다. 북쪽으로 올라갈수록 북극성의 올려본각이 커지는 것을 보고는, 평평하게 보이는 지구가 기실은 공처럼 둥글다는 사실을 깨쳤던 것입니다.

북극성의 진면목을 좀 살펴볼까요. 놀라지 마시라, 북극성은 밝기가 태양의 2천 배인 초거성이자 동반별 두 개를 거느리고 있는 세페이드 변광성입니다. 그러니까 세 별이 하나처럼 보이는 거죠. 북극성까지의 거리는 약 430광년입니다. 오늘 밤 당신이 보는 북극성의 별빛은 조선 시대 임진왜란 때쯤 출발한 셈이죠. 이건 픽션이 아니라 실화입니다.

1만 2천 년 후에는 북극성이 바뀐다

북극성이란 사실 일반 명사이고, 영어로는 폴라리스Polaris, 우리의 옛 이름으로는 구진대성句陳大星이라고 합니다. 지금부터 5천 년 전에는 용자리 알파별인 투반이 북극성이었습니다. 지구의 세차운동 탓에 지구 자전축이 조금씩 이동한 거죠.

지구의 자전축은 우주 공간에 확실히 고정되어 있지 않고 약 2만 6천 년을 주기로 조그만 원을 그리며 빙빙 돕니다. 지금도 북극성은 천구 북극에서 조금씩 멀어져 가고 있어, 약 1만 2천 년 뒤, 그러니까 서기 14000년쯤에는 거문고자리 알파별인 직녀성(베가)이 북극성으로 등극할 거랍니다.

2008년 2월 4일, NASA는 창립 50주년을 기념해 비틀스의 히트곡인 〈우주를 넘어서Across the Universe〉를 작은곰자리의 북극성을 향해 쏘아 보냈습니다. 비틀스의 존 레넌이 작곡한 이 노래는, NASA 국제우주탐사망DSN의 거대한 안테나 세 대를 통해 동시에 발사되었습니다.

'현자여, 진정한 깨달음을 주소서'라는 존 레넌의 염원을 담은 이 노래는 빛의 속도로 날아가 약 420년 후 북극성에 도착할 겁니다. 10년 전 일이니까, 지금쯤 여정의 2퍼센트쯤 날아갔겠군요.

자, 오늘 밤에는 마당에 나가 북녘 밤하늘에서 북극성을 한번 찾아봅시다. 비교적 별이 성긴 북천에서 반짝이니까 이내 당신을 향해 얼굴을 내밀 겁니다. 그리고 지금 당신이 서 있는 지점의 위도와 방위를 가르쳐 줄 겁니다. 혹시 모르죠, 당신이 사막이나 깊은 산속 그 어디에선가 조난당했을 때 그 별이 생명의 빛이 되어 줄지도요. 그

우리는 스스로 빛나는 별이다

런 마음으로 북극성을 바라본다면, 예전과 달리 더욱 친숙하게 다가
올 것입니다.

별,
우주의 주방장

우주의 모든 것은 별에서 나왔다

우주를 만드는 기본 구조물은 은하지만, 은하를 만드는 것은 별들입니다. 별은 말하자면 집을 짓는 데 쓰이는 벽돌과 같은 존재로, 우주의 비밀을 푸는 열쇠이기도 합니다.

태양을 비롯한 대부분의 별이 주로 수소와 헬륨으로 이루어졌다는 것은 잘 알려진 사실입니다. 우주에서 수소 다음으로 많은 헬륨은 양성자, 중성자, 전자를 각각 두 개씩 갖고 있죠. 따라서 질량은 수소의 4배가 되며, 우주 물질의 24퍼센트를 차지합니다. 천문학에서는 헬륨보다 무거운 원소를 모두 중원소로 칩니다.

우리는 스스로 빛나는 별이다

그럼 중원소들은 어디에서 만들어졌을까요? 이 문제는 별이 무슨 에너지로 빛나는지와 밀접한 관계가 있습니다.

별의 내부에서 헬륨 이후의 중원소들이 합성되는 과정을 밝혀내는 데 가장 크게 공헌한 사람은 아이러니하게도 빅뱅 우주론에 맞섰던 정상 우주론자 프레드 호일입니다. 호일은 헬륨 원자핵 두 개가 결합해 불안정한 상태의 베릴륨 원자핵을 만들고, 여기에 다시 헬륨 원자핵이 결합해서 들뜬 상태의 탄소 원자핵이 만들어지는 과정을 이론적으로 예측함으로써 빅뱅 이론의 마지막 단추를 꿰는 역할을 했습니다.

별 내부에서는 여러 단계의 핵융합 반응을 통해 헬륨보다 무거운 원소들이 차례대로 만들어져 켜켜이 쌓입니다. 빅뱅 우주 공간에서 만들어진 수소와 헬륨을 뺀 모든 원자를 별이 만들어낸 것입니다. 그래서 천문학자들은 별을 우주의 주방장이라고 말합니다. 천문학자들에게 별은 물리학자들의 입자, 생물학자들의 세포와 같은 존재입니다. 그러나 별 속에서 만들어지는 이 원소 요리의 행진은 원자번호 26번인 철에서 멈춥니다.

원자핵이 핵융합을 통해 더 큰 원자핵이 되는 것은 더 커질수록 에너지가 낮은 상태, 즉 더 안정한 상태의 원자핵이 되기 때문입니다. 그러나 더 안정한 에너지 상태가 되는 것은 원자번호 26인 철 원자핵까지입니다. 철 원자핵보다 커지면 오히려 에너지 상태가 높은 원자핵이 되고, 이들은 핵분열을 통해 더 안정한 원자핵이 되려고 하죠. 따라서 별 속에서 이루어지는 핵융합이라는 원소 요리 레시피는 철보다 무거운 원자핵을 만들 수 없습니다. 그렇다면 원자번호 27번 이후의 원자핵들은 대체 어디에서 만들어졌을까요?

철보다 무거운 원소는 초신성 레시피로

철보다 무거운 원소를 만들어내는 레시피는 초신성 폭발입니다. 태양보다 8배 이상 무거운 별의 장렬한 죽음이라고 할 수 있습니다. 이러한 별들은 속에서 핵융합이 단계별로 진행되다 이윽고 규소가 연소해서 철이 될 때 중력 붕괴가 일어납니다. 이 최후의 붕괴는 참상을 빚어내죠. 초고밀도의 핵이 중력 붕괴로 급격히 수축했다가 다시 강력히 반발하면서 장렬한 폭발로 그 일생을 마감하는 것입니다. 이것이 이른바 슈퍼노바Supernova, 곧 초신성 폭발입니다.

거대한 별이 폭발로 자신을 이루고 있던 온 물질을 우주 공간으로 한순간에 폭풍처럼 내뿜어 버립니다. 수축을 시작해서 대폭발하기까지의 시간은 겨우 몇 분에 지나지 않습니다. 수천만 년 동안 빛나던 대천체의 임종으로는 지극히 짧은 셈이죠.

이때 태양 밝기의 수십억 배나 되는 광휘로 우주 공간을 밝힙니다. 빛의 강도는 수천억 개의 별을 가진 온 은하가 내놓는 빛보다 더 밝습니다. 우리 은하 부근이라면 대낮에도 맨눈으로 볼 수 있을 정

우리는 스스로 빛나는 별이다

| 초신성 폭발의 잔해인 게 성운. 황소자리 방향에 있다. 1054년 출현해 아랍 제국, 중국 등에 기록이 남아 있다. 지구에서 약 6,500광년 떨어져 있으며, 성운의 지름은 11광년이다. 현재도 초속 1,500킬로미터로 바깥쪽으로 퍼지고 있다.

도로, 초신성 폭발은 우주의 최대 드라마죠. 초신성 폭발시에는 별이 일생 동안 핵융합을 통해 방출한 것보다 훨씬 많은 에너지가 짧은 순간에 방출됩니다.

만약 이런 초신성이 태양계에서 몇 광년 떨어지지 않는 곳에서 폭발한다면 지구상의 모든 생명체는 그 순간 사라지고 말겠죠. 절대 그런 일이 없도록 기원해야 합니다. 사실 초신성이란 '신성'이 아니라, 질량이 무거운 늙은 별을 가리키며, 초신성 폭발은 그 늙은 별의 임종인 셈입니다. 망원경이 없던 시절, 별이 없던 공간에 갑자기 엄청 밝은 별이 나타난 것을 보고 사람들이 초신성이란 이름을 붙였을 뿐입니다.

초신성이 폭발할 때 발생하는 총에너지는 태양이 일생(약 100억 년) 동안 방출하는 것과 거의 맞먹는 양입니다. 이것을 불과 며칠 동안 방출해 버리기 때문에, 그 폭발 직후의 밝기는 태양의 100억 배나 됩니다. 이 어마어마한 초고온-초고압으로 핵 속에 양성자, 중성자들을 박아 넣어 순식간에 무거운 원소를 벼려내는 거죠. 이것이 초신성의 중원소 합성입니다. 금이나 은, 우라늄 같은 중원소는 이때 순식간에 만들어집니다. 따라서 많이 만들어지지는 않습니다. 금이 철보다 비싼 이유는 바로 그 때문입니다. 이것이 바로 초신성의 연금술이죠. 연금술사들이 그토록 염원하던 연금술은 초신성 같은 대폭발 없이는 애초에 불가능합니다. 이런 초고온-초고압은 지구상에서 결코 만들 수 없습니다. 연금술사들은 헛수고만 진탕 한 셈이죠. 뉴턴도 그중 한 사람입니다.

지금 당신의 손가락에 끼여 있는 금은 두말할 것도 없이 초신성 폭발에서 나온 것으로, 지구가 만들어질 때 섞여 들어 금맥을 이루

고, 그것을 광부가 캐어 내 가공된 뒤 금은방을 거쳐 당신 손가락에
끼여 있는 것입니다. 이것은 소설이 아니라 팩트입니다.

별에서 온 당신

그럼 어떤 별이 초신성이 되는 걸까요? 대략 태양의 8배 이상의
질량을 가진 무거운 별이 진화 최종 단계에 맞는 것이 초신성 폭발
입니다. 태양처럼 질량이 중간치인 별은 그대로 졸아들어 끝나지만,
태양보다 8배 이상 되는 거성은 자체 중력 붕괴를 일으켜 장렬한 폭
발로 생을 마감하는 것입니다. 폭발 후에는 중성자별 혹은 펄서(맥동
전파별)가 되거나 블랙홀 등이 됩니다.

초신성 폭발은 큰 에너지로 중원소를 제조할 뿐만 아니라 별이
일생을 통해 만들어낸 중원소들을 우주 공간에 흩어 놓아 우주를 화
학적으로 풍요롭게 하는 역할도 합니다. 그리고 이것은 또 다른 별
을 잉태하는 씨앗이 되는 것입니다. 우주 공간으로 뿜어낸 별의 잔
해들은 성간 물질이 되어 떠돌다 다시 같은 경로를 밟아 별로 환생
하기를 거듭합니다. 말하자면 별의 윤회입니다.

그런데 이보다 더 중요한 뒷담화는, 인간의 몸을 구성하는 모든
원소, 곧 피 속의 철, 치아 속의 칼슘, DNA의 질소, 갑상선의 요오
드 등 원자 알갱이 하나하나는 모두 별 속에서 만들어졌다는 사실입
니다. 수십억 년 전 초신성 폭발로 우주를 떠돌던 별의 물질들이 뭉

쳐져 지구를 만들고, 이것을 재료 삼아 뭇 생명체들과 인간을 만든 것입니다. 이건 무슨 비유가 아니라, 과학이고 실화입니다. 그러므로 우리는 알고 보면 어버이 별에게서 몸을 받아 태어난 별의 자녀인 셋입니다. 말하자면 우리는 별 먼지로 만들어진 '메이드 인 스타 made in stars'인 셈이죠. 이게 바로 별과 인간의 관계, 우주와 나의 관계입니다. 이처럼 우리는 우주의 일부분입니다.

은하 탄생의 시초로 거슬러 올라가면 수없이 많은 초신성 폭발의 찌꺼기들이 수십억 년간 우주를 떠돌다 태양계가 생성될 때 지구에 흘러들었고, 마침내 나와 새의 몸속으로 흡수되었습니다. 그리고 그 새의 지저귀는 소리를 별이 빛나는 밤하늘 아래서 내가 듣고 있는 겁니다. 별이 자신의 몸을 아낌없이 우주로 뿌리지 않았더라면 당신과 나 그리고 새는 존재하지 못했을 것입니다. 고은 시인은 이렇게 노래했습니다.

소쩍새가 온몸으로 우는 동안
별들도 온몸으로 빛나고 있다
이런 세상에서 내가 버젓이 잠을 청한다
(〈순간의 꽃〉 중에서)

생각해 보면, 우주 공간을 떠도는 수소 원자 하나, 우리 몸속의 산

우리는 스스로 빛나는 별이다

| 곤줄박이. 손에 땅콩을 놓고 부르면 날아와서 앉는다. 새도 꽃도 나도 다 별에서 온 존재들이다.

소 원자 하나에도 100억 년 우주의 역사가 숨쉬고 있습니다. 우리 인간은 138억 년에 이르는 우주적 경로를 거쳐 지금 이 자리에 존재하는 셈이죠. 이처럼 우주가 태어난 이래 오랜 여정을 거쳐 당신과 우리 인류는 지금 여기 서 있는 것입니다. 생각해보면, 우주의 오랜 시간과 사랑이 우리를 키워 왔다고 할 수 있겠죠.

이런 마음으로 오늘 밤 바깥에 나가 하늘의 별을 한번 보십시오. 아마도 예전에 보던 별과 조금 달리 보일 것입니다. 저 아득한 높이에서 반짝이는 별들에 그리움과 사랑을 느낄 수 있다면, 당신은 진정 우주적인 사랑을 가슴에 품은 사람입니다. 평생 같이 별을 관측하다가 나란히 묻힌 어느 두 여성 별지기의 묘비에 이런 글이 적혀 있다고 합니다.

"우리는 별들을 너무나 사랑한 나머지 이제는 밤을 두려워하지 않게 되었다."

별은 타고난 질량이 제 운명이다

하지만 태양처럼 질량이 작은 별에는 조용한 임종이 기다립니다. 대략 태양 질량의 8배 이하인 작은 별은 마지막 단계의 핵융합으로 별의 바깥 껍질을 우주 공간으로 날려 버립니다.

이때 태양의 경우, 자기 질량의 거반을 잃어버리죠. 태양이 뱉어버린 허물들은 태양계의 먼 변두리, 해왕성 바깥까지 뿜어져 나가 찬란한 쌍가락지를 만들어 놓을 것입니다. 이것이 바로 행성상 성운으로, 생의 마지막 단계에 들어선 별의 모습이죠. 하지만 행성과는 아무런 관계도 없습니다. 옛사람들이 맨눈으로 볼 때 행성처럼 보인다고 해서 붙인 이름일 뿐입니다.

껍데기가 날아가 버린 별은 그럼 어떻게 될까요? 이 별의 중심부는 탄소를 핵융합시킬 만큼 뜨겁지는 않지만 표면의 온도가 아주 높기 때문에 하얗게 빛납니다. 곧, 행성상 성운 한가운데 자리하는 백색 왜성이 되는 거죠. 이 백색 왜성도 수십억 년 동안 계속 우주 공간으로 열을 방출하면 끝내 온기를 다 잃고 까맣게 탄 시체처럼 시들어 버립니다. 그리고 마지막에는 빛도 꺼지고 하나의 흑색 왜성이 되어 그 모습을 우주 속으로 영원히 감추어 버리죠.

태양의 경우 크기가 지구만 한 백색 왜성을 남기는데, 애초 항성크기의 100만 분의 1 공간 안에 물질이 압축된 것입니다. 이 초밀도의 천체는 찻숟가락 하나의 물질이 1톤이나 됩니다. 인간이 이 별

우리는 스스로 빛나는 별이다

위에 착륙한다면 5만 톤의 중력으로 즉각 분쇄되고 말 것입니다. 과학자들은 약 70억 년 후 태양이 그 같은 운명을 맞을 것으로 예측합니다.

알수록 신기한
별빛 이야기

별빛이 선생님이다

흔히 "천문학은 구름 없는 밤하늘에서 탄생했다"고 합니다. 구름이 없어야 별을 볼 수 있기 때문이죠. 만약 밤하늘에 별들이 없다면 세상이 얼마나 적막할까요? 수천, 수만 광년의 거리를 가로질러 우리 눈에 비치는 이 별빛이야말로 참으로 심오한 존재입니다.

별에 대해 꼭 기억해야 할 점은 오늘날 우리가 가지고 있는 천문학과 우주에 관한 지식은 대부분 별빛이 가져다준 것이란 점입니다. 우주의 모든 정보는 별빛 속에 담겨 있었던 것입니다.

우리는 별빛으로 별과의 거리를 재고, 별의 성분을 알아냅니다.

우리 은하의 모양과 크기를 가르쳐 준 것도 별빛이요, 우주가 빅뱅으로 출발해 지금 이 순간에도 계속 팽창하고 있다는 사실을 인류에게 알려 준 것도 따지고 보면 이 별빛입니다. 심오하기 짝이 없는 이 별빛에 대해 지금부터 한번 살펴보기로 합시다.

지구와 태양 간 거리, 곧 1AU는 1억 5천 킬로미터입니다. 이 먼 거리를 빛은 8분 20초 만에 주파합니다. 이 빠른 빛이 1년간 달리는 거리를 1광년(Light Year 또는 LY)이라고 하죠. 미터법으로는 약 10조 킬로미터쯤 됩니다. 그런데 17세기 카시니 시대에 이르도록 빛이 입자인지 파동인지, 또는 속도가 있는 건지 무한대인지 알려지지 않았습니다. 빛에 속도가 있다는 사실을 인류에게 알려 준 것도 '별빛'이었습니다. 이 경우는 위성이긴 하지만.

파리 천문대 대장인 카시니(1625~1712)는 제자인 덴마크 출신 올레 뢰머에게 목성의 위성을 관측하는 임무를 맡겼는데, 1675년부터 목성에 의한 위성의 식食을 관측하던 올레는 식에 걸리는 시간이 지구가 목성과 가까워질 때는 이론치에 비해 짧고, 멀어질 때는 길어진다는 사실을 알게 되었습니다. 목성의 제1위성 이오의 식을 관측하던 중 이오가 목성에 가려졌다가 예상보다 22분이나 늦게 나타난 거죠. 바로 그 순간, 그의 이름을 불멸의 존재로 만든 한 생각이 번개같이 스쳤습니다. "이것은 빛의 속도 때문이다!"

이오가 불규칙한 속도로 운동한다고 볼 수는 없었습니다. 그것

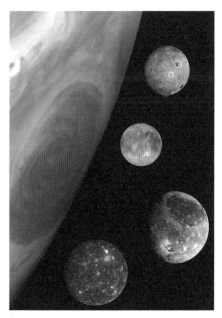

| 목성과 갈릴레이 위성을 합성해서 만든 크기 비교 사진. 위에서부터 아래로 이오, 유로파, 가니메데, 칼리스토다. 갈릴레오 갈릴레이가 발견해서 갈릴레이 위성이라고 부른다.

은 분명 지구에서 목성이 더 멀리 떨어져 있을 때, 그 거리만큼 빛이 달려와야 하기 때문에 생긴 시간차였습니다. 뢰머는 빛이 지구 궤도의 지름을 통과하는 데 22분 걸린다고 결론을 내렸으며, 지구 궤도 반지름은 당시 카시니에 의해 1억 4천만 킬로미터로 밝혀져 있어 빛 속도 계산은 어려울 게 없었죠.

그가 계산해 낸 빛의 속도는 초속 21만 4,300킬로미터였습니다. 오늘날 측정치인 29만 9,800킬로미터에 비해 28퍼센트의 오차를 보이지만, 당시로 보면 놀라운 정확도였죠. 빛의 속도가 무한하다는 기존 주장에 반해 유한하다는 사실을 최초로 증명한 것이 커다란 과학적 성과였습니다. 물리학에서 획기적인 기반을 이룩한 쾌거로, 1676년 광속 이론을 논문으로 발표한 뢰머는 하루아침에 과학계의 스타로 떠올랐습니다.

우리는 스스로 빛나는 별이다

우주의 크기를 알려 준 '별빛'

그다음으로 별빛에서 중요한 단서를 찾아낸 사람은 페루의 하버드 천문대 부속 관측소에서 사진 자료를 분석하던 청각 장애를 가진 여성 천문학자 헨리에타 리비트였습니다.

1902년 변광성을 찾는 작업을 하던 리비트는 사진 자료를 근거로 소마젤란은하에서 적색 거성으로 발전하는 늙은 별 세페이드 변광성을 32개나 발견했습니다. 이 별들이 지구에서 볼 때 거의 같은 거리에 있다는 점에 주목한 그녀는 변광성들을 정리하던 중 놀라운 사실 하나를 발견했죠. 변광 주기와 겉보기 등급 사이에 상관관계가 있다는 점을 감지했습니다. 곧, 별이 밝을수록 주기가 느려진다는 점이죠.

리비트는 이 사실을 공책에다 "변광성 중 밝은 별이 더 긴 주기를 가진다는 사실에 주목할 필요가 있다"고 짤막하게 기록했는데, 이 문장은 후에 천문학 역사상 가장 중요한 문장으로 꼽히게 되었습니다.

이들 변광성은 일정한 변광 주기를 가지고 있는데, 밝은 것일수록 주기가 깁니다. 광도는 거리에 따라 변하지만, 주기는 거리와 관계없기 때문에 변광성은 우주의 거리를 재는 표준 촛불이 되었습니다. 이것은 우주의 크기를 잴 수 있는 잣대를 확보한 것으로, 한 과학 저술가가 말했듯이 천문학을 송두리째 바꿔 버릴 대발견이었죠.

| 플레이아데스 성단의 신비한 푸른 별빛. 좀생이별이라고도 한다.

이로써 천문학자들은 표준 촛불이라는 우주의 자를 갖게 됨으로써, 시차를 재던 각도기가 더 이상 필요하지 않게 되었습니다.

따지고 보면, 우주의 팽창이라든가 빅뱅 이론도 리비트의 표준 촛불이 있어서 가능했습니다. 리비트가 변광성의 밝기와 주기 사이의 관계를 알아냄으로써 빅뱅의 첫 단추를 꿰었다고 할 수 있죠.

허블은 이러한 리비트에 대해 그의 저서에서 "헨리에타 리비트가 우주의 크기를 결정할 수 있는 열쇠를 만들어 냈다면, 나는 그 열쇠를 자물쇠에 넣고 뒤이어 그 열쇠가 돌아가게끔 하는 관측 사실을 제공했다"라며 그녀의 업적을 기렸습니다.

우리는 스스로 빛나는 별이다

우리가 밤하늘에서 늘 보는 별빛은 이처럼 오묘한 존재입니다. 별빛이 우주의 선생님인 셈이죠.

철학자의 엉덩이를 걷어찬 천문학자

1835년, 프랑스의 실증주의 철학자 콩트는 다음과 같이 말했습니다. "과학자들이 지금까지 밝혀진 모든 것을 가지고 풀려고 해도 결코 해명할 수 없는 수수께끼가 있다. 그것은 별이 무엇으로 이루어져 있는가 하는 문제다."

그러나 결론적으로, 이 철학자는 좀 신중하지 못했죠. 콩트가 죽은 지 2년 만인 1859년, 하이델베르크 대학 물리학자 키르히호프가 별이 어떤 물질로 이루어져 있는가 하는 계산서를 뽑아내는 데 성공했습니다. 무엇으로? 바로 별빛에 그 답이 있었죠.

키르히호프는 태양광 스펙트럼 연구를 통해, 태양이 나트륨, 마그네슘, 철, 칼슘, 동, 아연과 같은 매우 평범한 원소들을 함유하고 있다는 사실을 발견했습니다. 인간이 '빛'의 연구를 통해 영원히 닿을 수 없는 곳의 물체까지도 무엇으로 이루어졌는지 알아낼 수 있게 된 거죠.

키르히호프는 유황이나 마그네슘 등의 원소를 묻힌 백금막대를 분젠 버너 불꽃 속에 넣을 때 생기는 빛을 프리즘에 통과시키는 방법으로 여러 가지 원소의 스펙트럼 속에서 나타나는 프라운호퍼선[8]

을 연구한 결과, 각각의 원소는 고유의 프라운호퍼선을 갖는다는 사실을 발견했습니다. 말하자면 원소의 지문을 밝혀낸 셈이죠.

특정한 파장의 빛은 특정한 원소의 가스에 흡수되어 프라운호퍼선을 만듭니다. 따라서 어떤 별빛을 분광기로 조사해 프라운호퍼선을 찾아내면 그 별의 성분을 알 수 있죠. 그는 "해냈다!"고 외쳤습니다. 별의 수수께끼는 모두 별빛 속에 답이 있었던 것입니다. '별의 물질을 아는 것은 불가능하다'고 단정한 콩트의 말을 보기 좋게 뒤집은 것입니다.

콩트가 죽고 2년 뒤인 1859년, 그는 이 같은 사실을 발표했습니다. 이로써 키르히호프는 태양을 최초로 해부한 사람이 되었고, 항성 물리학의 기초를 놓은 과학자로 기록되었죠. 그러나 태양이 무엇을 태워 저처럼 막대한 에너지를 분출하는지, 그 에너지원이 밝혀지기까지는 아직 한 세기를 더 기다려야 했습니다.

여담이지만, 키르히호프가 이용하는 은행의 지점장이 자기 고객이 태양에 있는 원소에 관한 연구를 하고 있다는 말을 듣고는 한마디 했다네요. "태양에 아무리 금이 많다고 하더라도 지구에 가져오지 못한다면 무슨 소용이 있겠습니까?" 훗날 키르히호프는 분광학

---

8) 태양 광선을 분광기로 분해한 스펙트럼 가운데 나타나는 무수한 암선(暗線)으로서, 독일의 물리학자 프라운호퍼가 발견하여 프라운호퍼선 또는 흡수선이라고 한다.

우리는 스스로 빛나는 별이다

연구 업적으로 대영 제국으로부터 메달과 파운드 금화를 상금으로 받자 그것을 지점장에게 건네며 말했죠. "옜소, 태양에서 가져온 금이오."

은하수를
건너 보자

은하수는 무엇일까?

요즘은 빛 공해가 심해(한국이 세계 빛 공해 1등국이랍니다) 은하수를 보기도 힘들지만, 그래도 강원도 산간벽지로 들어가면 밤하늘에 동서로 길게 누워 가는 전설 같은 은하수를 볼 수 있습니다. 그래서 별지기들은 은하수 사진을 찍으려고 강원도의 별빛 보호지구 같은 곳을 자주 찾아가곤 하죠.

그런데 대체 그 뿌연 빛의 강은 무엇일까요? 이 은하수를 일컬어 서양에서는 밀키 웨이milky way라 하고, 우리나라에서는 미리내라고 불렀습니다. '미리'는 용을 일컫는 우리 고어 '미르'에서 왔고, '내'는

우리는 스스로 빛나는 별이다

말 그대로 '작은 강'을 뜻하죠. 태양계가 있는 우리 은하를 그래서 미리내 은하라고도 합니다. 우유의 길보다는 운치 있는 것 같네요.

인류가 은하수를 본 지는 몇만 년이나 되지만 은하수의 정체가 밝혀진 것은 그리 오래되지 않습니다. 17세기 들어 이탈리아의 갈릴레오 갈릴레이가 최초로 자작 망원경으로 은하수를 관측하고는 흐릿하게 성운처럼 보이는 은하수가 실제로는 개개의 별들로 분해된다는 것을 알아낸 후, 비로소 그것이 무수한 별들의 무리라는 사실을 알고 인류에게 최초로 보고하는 영광을 얻었습니다. 그러나 그 별의 띠가 무엇을 뜻하는지는 갈릴레오도 알 수 없었습니다.

1세기 뒤에 이 은하수에 관해 놀라운 추론을 한 사람이 나타났습니다. 그런데 그는 놀랍게도 과학자가 아닌 철학자 이마누엘 칸트였습니다. 태양계 성운설을 제창한 칸트는 태양계가 만들어진 것과 같은 원리로 우리 은하가 만들어졌다고 생각했습니다. 즉 회전하는 거대한 성운이 수축하면서 원반 모양이 되고 원반에서 별이 탄생했으며, 은하수는 원반 면에 있는 관측자가 본 우리 은하의 옆모습이라는 정확한 설명을 내놓았습니다.

"지구가 은하 원반 면에 딱 붙어 있어 지구에서 은하수를 보는 시선 방향이 우리 은하를 횡단하게 된다. 따라서 지구에서 볼 때 중심부와 먼 가장자리 별들이 겹쳐 보이므로 그처럼 밝은 띠로 보이는 것이다. 원반이 얇으므로 아래 위쪽은 당연히 성기게 보인다."

| 고목과 은하수. 강원도 인제 해발 800미터 꼭대기의 고목 아래에서 찍었다.

200년도 더 전에 나온 철학자 칸트의 이 같은 은하수 설명은 참으로 놀라운 예지와 직관의 산물이라 하지 않을 수 없습니다. 직접 망원경으로 천체를 관측하기도 한 칸트는 당대 최고의 우주론자로서, 우리 은하 바깥에도 우리 은하처럼 수많은 별로 이뤄진 독립된 은하들이 섬처럼 흩어져 있으며 우리 은하는 이처럼 수많은 은하의 하나에 불과하다는 섬 우주론을 주장하기도 했습니다.

여기서 은하와 은하수를 구별할 필요가 있습니다. 은하는 일반 명사이며, 은하수는 우리 은하를 가리키는 고유 명사입니다. 그래서 영어로는 은하를 소문자를 써서 갤럭시galaxy, 은하수는 대문자를 써

우리는 스스로 빛나는 별이다

서 갤럭시Galaxy라고 합니다. 가끔 혼동해서 쓰는 경우가 있어 짚고 넘어갑니다.

미리내 은하의 형태

미리내 은하의 모습은 가운데가 약간 도톰한 원반 꼴입니다. 지름은 10만 광년, 가장자리 두께는 5천 광년, 중심 부분은 2만 광년입니다. 늙고 오래된 별들이 공 모양으로 밀집한 중심핵Bulge이 있는 팽대부와, 그 주위를 젊고 푸른 별, 가스, 먼지 등으로 이루어진 나선 팔이 원반 형태로 회전하고 있으며, 그 외곽에는 주로 가스, 먼지, 구상 성단 등의 별과 암흑 물질로 이루어진 헤일로Halo가 지름 40만 광년의 타원형 모양으로 은하 주위를 감싸고 있습니다.

우리 은하를 옆에서 보면 계란 프라이와 흡사한 꼴입니다. 이처럼 은하가 납작한 이유는 은하 자체의 회전 운동 때문이죠. 이 안에 약 4천억 개의 별이 중력의 힘으로 묶여 있습니다. 태양 역시 그 4천억 개의 별 중 하나일 따름이죠. 태양은 우리 은하의 중심에서 은하 반지름의 3분의 2쯤 되는 거리에 있으며, 나선 팔 중 하나인 오리온 팔의 안쪽 가장자리에 놓여 있습니다.

천구 상에서 은하면은 북쪽으로 카시오페이아자리까지, 남쪽으로 남십자자리까지 이릅니다. 은하수가 천구를 거의 똑같이 나눈다는 사실은 곧 태양계가 은하면에서 그리 멀리 떨어져 있지 않다는 것을 뜻합니다.

은하수는 중심부가 있는 궁수자리 방향이 가장 밝게 보입니다. 태양에서 이 궁수자리 방향으로 약 2만 3천 광년 거리에 있는 우리 은하의 중심부에 태양질량의 400만 배나 되는 블랙홀이 있다는 것이 밝혀졌으며, 또한 이 블랙홀 근처에 작은 블랙홀이 한 개 더 존재하며 쌍성처럼 서로를 공전하는 것이 확인되었습니다. 이는 과거에 우리 은하가 다른 작은 은하를 흡수했음을 의미하며, 실제로 2002년에 한국의 연세대 연구 팀이 《사이언스》지에 발표한 논문을 통해, 우리 은하가 약 10억 년 젊은 다른 은하와 충돌, 합병하여 현재의 크기가 되었음을 입증했습니다.

우리 은하 전체는 중심핵을 둘러싸고 회전하고 있습니다. 태양이 태양계 식구들을 이끌고 은하 중심을 도는 속도는 초속 200킬로미터나 되지만, 그래도 한 바퀴 도는 데 2억 5천만 년이나 걸립니다. 태양이 태어난 지 대략 50억 년이 됐으니까, 지금까지 미리내 은하를 20바퀴 돈 셈이네요. 앞으로 그만큼 더 돌면 태양도 종말을 맞을 겁니다. 물론 인류는 그보다 훨씬 전에 지구상에서 사라지겠죠.

우리 은하 형태, 어떻게 알아냈을까?

오늘날 우리가 살고 있는 은하는 나선 팔을 가진 원반 꼴이며, 중앙에 막대 구조가 있는 것까지 밝혀져 분류상 막대 나선 은하에 속

우리는 스스로 빛나는 별이다

합니다. 그런데 인류는 10만 광년 크기의 우리 은하 바깥으로는 나가 본 적이 없습니다. 보이저 1호가 40년 동안 날아서 성간 공간으로 진출했는데, 거리는 지구에서 겨우 1광일光日에 지나지 않습니다.

사정이 이러한데도 우리 은하의 형태를 파악할 수 있는 것은 대체 어떤 방법을 썼기 때문일까요? 우리 은하의 형태와 크기를 알기까지 400년에 걸쳐 수많은 천문학자의 노고가 숨어 있습니다. 숲속에서는 그 숲의 전체 형태를 잘 알 수 없는 것과 마찬가지로, 은하 내부에 살면서 그 은하의 모양을 알아내기란 참으로 어려운 일이기 때문이죠.

우리 은하의 형태를 최초로 연구하기 시작한 사람은 1781년 천왕성을 발견한 윌리엄 허셜입니다. 은하수가 우리 은하의 단면 모습이라는 것을 추론한 칸트와 동시대인인 허셜은 1784년에 은하수의 실제 모습과 함께 태양이 은하수 내 어디쯤 위치하는지 알아내기 위해 전인미답의 영역, 은하계 구조 연구에 착수했습니다. 이전의 어떤 천문학자도 시도해 보지 않은 주제였죠. 허셜은 이 계획을 '하늘의 구축'이라고 불렀습니다.

별의 분포를 조사한 허셜은 별들이 은하수에 가까울수록 많이 밀집해 있다는 것을 발견하고, 태양계는 은하계의 일부분으로, 태양은 은하의 중심 부분에 위치한다는 결론을 내렸으며, 은하계는 수레바퀴 모양의 별의 집단을 옆에서 본 것에 불과하다고 주장했습니다. 그러면서 이 수레바퀴의 긴 지름이 짧은 지름의 4배라고 밝혔습니다.

이로써 인류 역사상 최초로 은하수의 정체와 구조가 개략적이나마 밝혀진 셈입니다. 그에 따르면, 우리가 사는 은하계는 우주 안에서 별들이 모여 있는 유일한 집단이 아니며, 거대한 체계를 이루는 집단들 중 하나일 뿐이라는 것입니다.

허셜은 나아가 우주의 규모를 언급했습니다. 당시 가장 가까운 별들 간의 거리도 제대로 모르던 시기에 그는 가장 멀리 떨어져 있는 대상들의 거리를 200만 광년으로 잡았습니다. 물론 오늘날 보면 턱없이 작게 잡은 것이지만, 당시로서는 현기증 날 만큼 어마어마한 거리였습니다. 사람들은 우주의 광막한 크기에 입을 딱 벌렸습니다. 요컨대, 허셜은 역사상 최초로 인류 앞에 광대한 우주의 규모를 펼쳐 보여 주었던 것입니다.

20세기 들어 미국의 할로 새플리는 1919년 늙은 별들의 집단인 구상 성단들을 관측한 끝에, 그것들이 거의 구형으로 분포하며 지름이 30만 광년이고, 그 중심으로부터 태양은 약 4만 5천 광년 떨어져 있다고 추정했습니다. 이는 코페르니쿠스의 태양중심설에 버금갈 만한 우주관의 변혁을 가져왔습니다.

1940년대 들어 전파 천문학이 발전함에 따라 천문학자들은 전파의 각 파장대의 특성을 이용한 관측으로 우리 은하에 네 개의 주요 나선 팔이 있으며, 이들이 어떻게 분포해 있는지 알아냈습니다.

우리는 스스로 빛나는 별이다

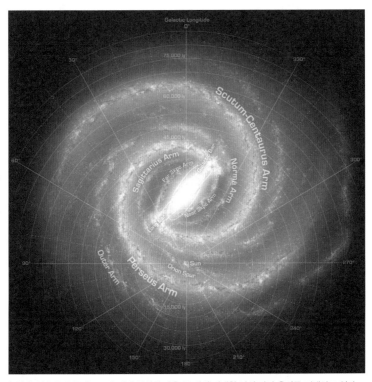

| 위에서 본 우리 은하(상상도). 막대 끝에서 나온 두 개의 거대한 나선 팔이 은하를 지배하고 있다.

그 결과, 우리 은하는 전형적인 나선 은하라는 결론을 내렸죠. 하지만 우리 은하에 막대가 있을 거라는 주장은 1990년대 들어와서야 일부 천문학자들 사이에서 나왔습니다. 그러나 확실한 관측에 바탕을 둔 주장이 아니었기 때문에 천문학계에서는 이를 받아들이지 않았습니다.

막대 구조를 확인하기 위해서는 무엇보다 은하의 중심을 들여다 봐야 하는 난제가 가로놓여 있었죠. 은하 중심이 눈부시게 밝을 뿐 만 아니라, 은하 원반의 성간 먼지나 가스, 별 등이 우리의 시선을 가로막고 있기 때문이죠. 그러나 가장 산란이 적은 적외선 망원경이 이 문제를 해결해 주었습니다.

2005년, 스피처 적외선 우주 망원경이 마침내 은하 중심을 육박 했습니다. 이 스피처의 관측에 의해 우리 은하 중심부에 2만 7천 광 년 길이의 막대 구조가 들어앉아 있음을 공식적으로 확인했습니다. 그리고 우리 은하의 팔도 막대 구조 끝에서 뻗어나온 두 개의 나선 팔과, 여기서 가지치기한 두 개의 작은 나선 팔이 더 있는 전형적인 막대 나선 은하 형태임이 밝혀졌죠. 이로써 우리 은하 형태를 결정 짓는 화룡점정이 이루어진 것입니다.

천문학자들의 400년에 걸친 이런 노고에 힘입어 2005년 이후 에야 우리는 우리 미리내 은하의 형태는 막대 나선 은하임을 확실히 알게 되었습니다.

우리는 스스로 빛나는 별이다

충돌하는
은하들

은하들도 진화한다

우리 은하를 비롯해 우주를 비산하고 있는 수천억 개의 은하는 언제 어떻게 생겨난 것일까요? 약 138억 년 전 초밀도의 원시원자가 대폭발을 일으켜 거기서 나온 수소 구름이 별을 탄생시킨 과정은 앞에서 살펴본 바대로입니다. 이런 별들 수백억 또는 수천억 개가 중력으로 묶여 별들의 도시, 곧 은하를 형성하기에 이르렀습니다. 우주가 하나의 구조물이라면 은하는 그것을 구성하는 낱낱의 벽돌이고, 은하를 이루는 항성은 벽돌 속의 모래알이라고 할 수 있는 거죠.

이렇게 태어난 은하들은 크기·구성·구조 등이 각각 상당히 다르지만, 나선 은하의 경우 대략적인 모습은 중심 근처에 많은 별이 몰려 있어 불룩해 보이는 팽대부, 주위의 나선 팔, 은하 둘레를 멀리 구형으로 감싸고 있는 별들과 구상 성단, 성간 물질 등으로 이루어진 헤일로, 그리고 은하 중심인 은하핵으로 나눌 수 있습니다.

그리고 우리가 아직 정확히 그 본질을 이해하지 못하고 있어 암흑 물질이라고 불리는 물질이 일반적으로 은하 질량의 약 90퍼센트를 차지한다고 여겨집니다. 또 이들 은하는 대개 그 중심에 초대질량 블랙홀이 있는 것으로 밝혀졌습니다.

사람들이 모여서 사회를 이루고 살듯이 천체들도 대개 떼 지어 모이는 습관이 있어서, 은하들 역시 적게는 몇 개에서 많게는 1만 개에 이르는 무리로 구성된 은하단에 속해 있습니다. 은하의 지름은 보통 수만 광년으로 측정되며, 은하 간 거리는 평균 약 100만~200만 광년, 은하단 간 공간은 이것의 100배 정도 됩니다.

보통 10억~1천억 개의 별을 거느리고 있는 은하는 형태에 따라 타원 은하, 나선 은하, 불규칙 은하 등으로 나뉩니다. 하늘에서 밝은 은하 중 약 70퍼센트는 나선 은하이며, 우리 미리내 은하는 막대 나선 은하입니다. 미리내 은하의 나이는 오래된 별들의 나이를 조사해 본 결과 현재 우주의 예상 나이인 138억 년에 근접하는 것으로 나타났습니다.

우리 은하도 조그만 은하 부락의 한 구성원인데, 그 안에는 안드

우리는 스스로 빛나는 별이다

로메다은하, 마젤란은하, M33 은하, 그리고 20여 개의 작은 은하들이 포함되어 있습니다. 부락의 이름은 국부 은하군이며, 크기는 지름 600만 광년입니다. 문제는 우리 은하군 역시 처녀자리 은하단을 향해 초속 600킬로미터 속도로 돌진하고 있다는 점입니다. 하지만 안심하시라. 이 속도로 달려가더라도 충돌은 100억 년 후에나 일어날 테니까요.

이 부락에서 가장 가까운 이웃 은하는 16만 광년 거리에 있는 대마젤란은하입니다. 우리 은하의 20분의 1 크기인 이 은하는 초당 275킬로미터로 우리 은하에 접근하고 있어, 20억 년 후에는 우리 은하와 충돌할 것으로 보입니다. 그뿐만 아니라 국부 은하군에서 가장 밝고 큰 안드로메다은하 역시 초속 107킬로미터로 우리 은하를 향해 돌진 중입니다. 하지만 거리가 250만 광년이나 떨어져 있어 40억 년 후에나 우리 은하와 충돌할 것으로 예상됩니다.

국부 은하군은 주위의 여러 은하군과 함께 처녀자리 은하단에 속하며, 처녀자리 은하단은 또 처녀자리 초은하단에 속합니다. 초은하단이란 은하군과 은하단들을 아우르는 거대 천체 집단을 가리킵니다. 우리 은하로부터 5천만 광년 거리에 있는 처녀자리 초은하단은 여태껏 알려진 은하단들 중에서 구성원이 가장 많은 초대형 은하단으로서, 1억 광년의 규모에, 1천 개 이상의 밝은 은하들로 이루어져 있습니다. 그 위로는 또 5억 광년 규모로 10만 개의 은하를 포함

| 컴퓨터 시뮬레이션으로 구현한 라니아케아 초은하단. 5억 광년 규모의 거대한 중력 골짜기에 우리 은하를 포함해 10만 개의 은하를 묶어 두고 있다. 붉은 점이 우리 은하 위치.

하는 라니아케아 초은하단이 있습니다.

지금 우리는 우주의 은하 총수가 2천억 개나 된다는 사실을 알고 있습니다. 참으로 엄청난 숫자죠. 북두칠성의 됫박 안에만 약 300개의 은하가 들어 있다고 합니다. 20세기 초만 하더라도 우리 은하가 전 우주인 줄 알았는데, 은하 속 개구리였던 인간의 사고 폭이 반세기 만에 2천억 배나 확대되었다고 하겠습니다.

따라서 지구의 우주 주소를 명기하자면, '라니아케아 초은하단 내 처녀자리 초은하단 내 처녀자리 은하단 내 국부 은하군 내 우리 은하 내 태양계 내 제3행성 지구'가 됩니다.

어린 시절, '수금지화목토천해' 하면서 외웠던 태양계 행성들. 그

우리는 스스로 빛나는 별이다

행성들 너머 아득한 태양계 끄트머리까지 햇빛이 달리는 데 걸리는 시간은 약 하루. 그런데 미리내 은하의 지름은 10만 광년이니, 그 속의 우리 지구는 한 알 모래알갱이입니다. 게다가 이처럼 광대한 은하가 우주 속에 또 2천억 개나 있다니, 우리 은하 역시 우주에 비하면 하나의 조약돌에 지나지 않는 셈이죠.

이런 생각을 하면서 밤하늘 은하수를 한번 올려다보면, 이 광대무변한 우주에서 모래알 같은 지구 위에 사는 인류란 얼마나 외로운 존재인지 절실히 느끼게 됩니다.

은하 진화는 충돌의 역사다

은하는 어떻게 진화할까요? 허블의 은하 분류표에 따르면, 불규칙 은하로 시작해서 나선 은하의 각 형태를 밟아 가다가 타원형 은하로 진화를 끝냅니다.

은하들의 진화에 가장 결정적인 역할을 하는 것은 은하 충돌입니다. 별들 사이에서는 충돌이 거의 일어나지 않지만, 은하들 사이에서는 충돌·상호작용이 꽤 빈번하게 일어납니다. 이는 은하의 형성과 진화에 아주 중요한 영향을 미칩니다.

전파 망원경으로 심우주를 관측하면, 곳곳에서 은하의 조각들을 비롯해, 은하들을 싸고 있는 가스체들의 거대한 테, 은하들 사이에 놓인 기묘한 연결고리와 이상한 형태들을 발견할 수 있습니다. 이 같은 현상은 은하들이 서로 중력 작용으로 인해 영향을 미치고 있음을 말해 줍니다. 어떤 경우에는 직접 충돌이 진행되고 있는 은하의 모습을 볼 수도 있습니다. 비록 이런 충돌이 수억 년, 수십억 년에 걸쳐 진행되지만, 우주는 넓은 만큼 그 모든 과정의 사례들이 우주 곳곳에 존재하기 때문에 퍼즐 조각을 맞추듯 충돌의 진행 과정을 충분히 유추할 수 있습니다.

이처럼 은하들은 서로 끌어당기고 스치고 충돌하면서 진화합니다. 이러한 은하의 상호 작용과 충돌, 합체는 은하가 생긴 이래 지금까지 끊임없이 되풀이되고 있습니다. 은하들 사이의 충돌은 은하의 모양을 심하게 변형시키고, 막대나 고리, 연결다리 또는 꼬리 같은 여러 가지 구조를 만들어내기도 하죠.

은하들이 직접 충돌하지만, 상대적인 운동량이 커서 하나로 합쳐지지 않는 경우도 있습니다. 이러한 은하들이 충돌할 때 별들끼리 부딪치는 경우는 거의 없습니다. 별들 사이의 거리에 비해 별의 크기가 너무 작기 때문이죠. 두 은하는 유령처럼 서로를 관통하는데, 형태만 일그러질 뿐 은하 자체는 파괴되지 않습니다. 다만 은하의 가스와 먼지들은 서로 강한 상호 작용을 일으킴으로써 때로는 성간 물질이 압축되거나 불안정해져서 폭발적인 별 생성star-burst이 일어나기도 합니다.

은하들의 운동량이 작은 경우에는 상호 작용 뒤에 하나로 합쳐

우리는 스스로 빛나는 별이다

지기도 하는데, 이를 은하 합병이라고 부릅니다. 이 경우 은하들은 서서히 더 큰 하나의 새로운 은하로 합병되며, 그 과정에서 형태가 완전히 변합니다. 만약 두 은하 중 하나가 다른 것보다 월등히 큰 경우, 작은 은하가 큰 은하에 완전히 흡수되므로, 이를 은하의 흡수 합병이라고 합니다. 이 경우 큰 은하는 거의 모양이 변하지 않는 반면, 작은 은하는 조석력에 의해 쉽게 찢어집니다.

은하는 이렇게 충돌과 합병을 통해 스스로 덩치를 키워 갑니다. 우리 은하도 예외는 아니어서 수많은 왜소 은하를 잡아먹으면서 지금과 같은 크기로 성장했습니다. 예컨대 궁수자리 왜소 타원 은하와 큰개자리 왜소 은하는 현재 우리 은하와 충돌과 합병이 진행되고 있습니다. 차량 충돌처럼 순식간에 일어나는 게 아니라, 수억 년, 수십억 년에 걸쳐 서서히 진행되고 있죠.

우리 은하와 안드로메다은하가 충돌한다!

천문학자들은 허블 우주 망원경을 사용해 우주의 미래를 예측하곤 합니다. 안드로메다은하와 우리 은하의 충돌에 관한 예측도 그러한 예의 하나지요. 그들은 이 예측에서 두 은하의 엄청난 충돌이 지구에서 어떻게 보일지 자세하게 그림으로 보여줍니다.

이 예측에 따르면, 안드로메다은하와 우리 은하는 앞으로 37억 5천만 년 후 대충돌을 하는 것으로 나와 있습니다. 안드로메다은하는 우리 은하의 가장 가까운 이웃 은하로서 약 250만 광년 거리 밖에 있습니다.

안드로메다은하는 우리 은하보다 큽니다. 우리 은하가 4천억 개이 별을 갖고 있는 데 비해 안드로메다는 무려 1조 개의 별을 갖고 있습니다. 따라서 엄밀히 말하면 우리 은하가 안드로메다에게 잡아먹히는 셈이죠. 우리 은하 역시 언젠가 가까운 왜소 은하 두 개를 잡아먹을 것으로 보이는데, 그 두 은하는 바로 대마젤란은하와 소마젤란은하입니다.

지난 1세기 동안 천문학자들은 안드로메다가 우리 은하와 점점 가까워지고 있다는 사실을 알아냈습니다. 시간당 40만 킬로미터로 접근하는데, 이는 지구와 달 사이 거리에 해당하는 수치입니다. 그러나 우리 은하를 스쳐 지나갈 것인지, 아니면 충돌할 것인지는 확인할 수 없었지요. 하지만 최근 천문학자들이 허블 망원경을 이용해 답을 얻어 냈습니다.

"두 은하는 서서히 충돌할 것이며, 그 후 붉은 별들을 거느린 거대한 타원 은하로 진화할 것이다." 이것이 천문학자들이 내린 결론입니다. 그런데 충돌이 완료되어 타원 은하로 변신하는 데 무려 20억 년이 더 걸립니다. 70억 년 후에나 형태가 결정되어 새 출발할 수 있다는 얘기죠.

하지만 우리 태양계는 이런 거대한 충돌 뒤에도 여전히 존재할

우리는 스스로 빛나는 별이다

| 안드로메다(왼쪽)와 우리 은하가 충돌하는 모습. 허블 망원경의 데이터로 구성한 것이다. 합체된 후 하나의 타원 은하를 이룰 것이다. 이름까지 이미 밀코메다로 지어져 있다.

가능성이 높다고 합니다. 은하가 대부분 텅 비어 있는 공간이라서 우리 태양계가 충돌에 그다지 큰 영향을 받지 않을 것이기 때문입니다. 은하 속에 있는 별들 사이의 공간은 무척 넓습니다. 그래서 두 은하가 서로 충돌하더라도 별들은 서로 비켜 갈 것입니다. 두 별이 충돌할 확률은 지극히 낮습니다.

이 충돌이 일어날 때, 그럴 리야 없겠지만 만약 그때까지 지구에 사람들이 생존해 있다면 그들은 지구 하늘에서 벌어지는 엄청난 장관을 보게 될 것입니다. 하지만 그것은 지극히 천천히 진행되는 동영상입니다. 은하의 시간 스케일이 엄청나게 커서 장구한 시간에 걸쳐 진행되기 때문이죠.

수십억 년 뒤 안드로메다은하는 지구 하늘을 가득 채울 것입니다. 우리 은하에 바짝 접근할 것이기 때문이죠. 중력의 작용으로 인해 두 은하는 우주 공간에서 윤무를 그리며 서서히 몸을 뒤섞어 타원 은하로 거듭나고, 우리 태양계는 그 안에 자리잡을 것입니다. 그러면 밤하늘에 보이던 은하수의 모습은 완전히 사라지고, 사람들은 빛으로 된 타원형의 모습을 보게 될 것입니다. 그리고 50억 년 전 우리 은하에서 태어난 태양은 새 은하의 일부가 되어 생을 마감할 것입니다. 이런 일련의 은하 충돌이 지구 밤하늘에서 벌어진다면 장관을 이룰 것입니다. 여러분도 그때까지 건강 잘 챙겨서 지구 밤하늘에서 두 은하가 충돌하는 장관을 즐겨 주시기 바랍니다.

성미 급한 천문학자들은 합체된 은하의 이름까지 벌써 지어 놓았습니다. 새 이름은 '밀코메다Milkomeda'라고 합니다. 밀키웨이와 안드로메다의 합성어죠.

우리는 스스로 빛나는 별이다

별과 모래, 무엇이 더 많을까?

우주에 관해 많이 듣는 논쟁 중에 이런 것이 있다. 지구의 모래와 우주의 별은 어떤 게 더 많을까? 놀랍게도 지표에 있는 모든 모래알의 수보다 우주의 별이 더 많다는 계산서가 나와 있다.

지구의 모래알보다 더 많다는 온 우주의 별을 다 계산한 사람들은 호주국립대학의 사이먼 드라이버 박사와 그의 동료들로, 우주에 있는 별의 총수는 7×10^{22}(700해)개라고 발표했다. 이 숫자는 7 다음에 0이 22개 붙는 수로서, 7조 곱하기 100억 개에 해당한다.

온 우주에 있는 은하의 수는 약 2천억 개로 알려져 있으니까, 평균으로 치면 한 은하당 약 3,500억 개의 별을 가지고 있는 셈이다. 우리 은하의 별은 약 4천억 개니까, 평균에 약간 웃도는 셈이다.

온 우주의 별의 수인 700해라는 숫자의 크기는 어떻게 해야 실감할 수 있을까? 어른이 양손으로 모래를 퍼담으면 그 모래알 숫자가 약 800만 개 정도 된다. 그렇다면 해변과 사막의 면적을 조사하면 그 대강의 모래알 수를 얻을 수 있는데, 계산에 의하면 지구상의 모래알 수는 대략 10^{22}(100해)개로 나와 있다고 한다.

따라서 우주에 있는 모든 별의 수는 지구의 모든 해변과 사막에 있는 모래알갱이의 수인 10^{22}개보다 7배나 많다는 뜻이다. 기절초풍할 숫자임이 틀림없다. 이 우주에 그만한 숫자의 '태양'이 타오르고 있다는 말이다.

그런데 호주 팀이 센 이 같은 엄청난 별의 숫자는 물론 별들을 하나하나 센 것이 아니라, 강력한 망원경을 사용해 하늘의 한 부분을 표본 검사해서 내린 결론이다. 드라이버 박사는 우주에는 이보다 훨씬 더 많은 별이 있을 수 있지만, 현대의 망원경으로 볼 수 있는 범위 내 별의 총수라고 한다. 별의 실제 수는 거의 무한대일 수 있다고 덧붙였다. 우주 저편에서 출발한 빛은 아직 우리에게 도착하지 못했을 수도 있기 때문이다.

참고로, 사람이 백 살까지 산다고 할 때 초로 환산하면 약 30억 (3×10^8) 초가 된다. 30억이란 숫자도 그처럼 엄청난 것이다.

올겨울엔 '그 별'이 폭발할까?
-베텔게우스가 폭발하면 생기는 일들

현재 지구촌 천문학자들이 가장 주목하는 별은 겨울의 대표적인 별자리인 오리온자리의 알파별 베텔게우스다. 적색 초거성인 베텔

우리는 스스로 빛나는 별이다

| 조만간 초신성 폭발을 할 오리온자리의 적색거성 베텔게우스. 허셜 우주 망원경이 찍었다.

게우스는 큰 덩치로 인해 태어난 지 채 1천만 년도 안 되어 별의 종말, 곧 초신성 폭발을 눈앞에 두고 있기 때문이다.

임종이 가까운 베텔게우스는 현재 무섭게 팽창 중인데, 질량은 태양의 12배에 지나지 않지만, 지름은 태양의 900배나 되어 무려 13억 킬로미터에 달한다. 이는 곧 태양에서 지구까지 거리의 9배에 가까운 크기다. 만약 베텔게우스를 태양 자리에 갖다 놓는다면 수성, 금성, 지구, 화성은 확실히 베텔게우스에 먹혀 사라지고, 적색거성의 표면은 목성 궤도에 육박할 것이다.

과학자들에 따르면, 이 초거성 베텔게우스가 수명이 다해 조만간 초신성으로 폭발하는 광경이 지구에서 최소한 1~2주간 관측될 가능성이 있는 것으로 예상됐다. 천문학적으로 조만간이라면 며칠도 될 수 있고, 수천 년, 수만 년도 될 수 있지만 말이다.

베텔게우스는 지구로부터 640광년이나 떨어져 있다. 그러니까 지금 내가 보고 있는 베텔게우스의 붉은 별빛은 이성계가 위화도에서 고려 군사를 되돌릴 때 그 별에서 출발한 빛인 셈이다.

우리 태양 같은 별은 보통 약 100억 년을 살지만, 이런 덩치 큰 별들은 강한 중력으로 인해 급격한 핵융합이 일어나므로 연료 소모가 빨라 얼마 살지 못한다. 베텔게우스는 아직 1천만 년이 채 안 되었는데도 임종 증세를 보이고 있는 것이다.

이 별이 초신성으로 폭발한다면 어떤 현상이 벌어질까? 일단 지구 행성에서 약 2주간 밤이 없어질 것이라고 한다. 지구가 형성된 이후 가장 밝은 빛으로 기록될 것으로 예상된다.

문제는 베텔게우스의 정확한 폭발 시점인데, 향후 100만 년 이내에 언제라도 가능하지만, 내년이 오기 전에 일어날 가능성이 있다. 어쩌면 벌써 터졌을 수도 있다. 그래 봤자 우리는 640년 후에나 알 수 있을 테니까 말이다.

과연 우리 세대에 베텔게우스가 폭발하는 장엄한 광경을 볼 수 있을까 싶어, 천문학자와 별지기들은 목 빼고 기다리고 있다. 이번 겨울 오리온자리를 사수하자. 베텔게우스가 폭발한 뒤 일어날 사태를 가상한 동영상을 유튜브에서 여럿 찾아볼 수 있다.

우리는 스스로 빛나는 별이다

3장

태양계를
두루두루

우리가 경험할 수 있는
가장 아름다운 감정은 신비감이다.
더 이상 신비감을 느끼지 못하는 삶은
죽어 버린 삶이다.

—아인슈타인(물리학자)

우리가 사는 동네, 태양계

40년 날아 태양계를 벗어난 보이저 1호

　지구가 속해 있는 태양계는 우리 은하의 크기에 비하면 눈썹 길이밖에 안 되지만, 그래도 초속 17킬로미터인 보이저 1호가 태양계를 벗어나 성간 공간으로 진출하는 데는 40년이 걸렸습니다. 이 거리는 지구와 태양 간 거리의 130배인 200억 킬로미터로, 초속 30만 킬로미터의 빛이 하루를 꼬박 달려야 닿는 거리입니다. 시속 900킬로미터로 나는 여객기로는 얼마나 걸릴까요? 무려 1,400년을 날아가야 합니다. 인간의 기준으로는 태양계만 해도 어마어마하게 넓은 공간인 것입니다.

우리는 스스로 빛나는 별이다

태양계를 이루고 있는 구성원들을 보면, 먼저 태양이 중앙에 버티어 그 주위를 도는 8개의 행성과 170여 개의 위성, 수천억 개의 소행성을 중력으로 묶어 두고 있습니다.

태양을 중심으로 공전하는 행성은 소행성대를 기준으로 안쪽에 있는 4개의 암석 행성인 수성, 금성, 지구, 화성, 즉 지구형 행성과, 바깥쪽에 있는 4개의 가스 행성인 목성, 토성, 천왕성, 해왕성, 즉 목성형 행성으로 나눌 수 있습니다.

화성과 목성 사이에 있는 소행성대의 천체 무리는 대부분 지구형 행성과 비슷한 성분을 지니는데, 이들은 태양계 생성 초기 목성의 중력 때문에 서로 뭉치지 못해, 행성이 되는 데 실패한 존재로 여겨집니다. 이들 소행성의 크기는 티끌 정도에서 수백 킬로미터 크기까지 다양합니다. 소행성대에서 가장 큰 천체는 왜행성으로 분류되는 세레스로, 지름이 1천 킬로미터에 달해, 자체 중력만으로 형태를 구형으로 충분히 유지할 수 있습니다. 그 밖에도 많은 소행성이 있지만, 소행성대 천체의 질량을 모두 합쳐도 지구의 1천 분의 1이 채 안 됩니다.

소천체들이 모여 있는 또 다른 곳으로는 카이퍼 벨트와 오르트 구름이 있습니다. 카이퍼 벨트는 해왕성 궤도 너머 소천체들이 도넛 모양으로 밀집되어 있는 지역인데, 이곳의 천체는 대부분 물, 암모니아, 메탄 등이 얼어 있는 형태로 구성되어 있습니다. 단주기 혜성의 고향으로, 혜성은 이곳에서 출발해 내부 태양계로 들어옵니다. 장주기 혜성의 고향으로 알려져 있는 오르트 구름은 지금까지 구역의 대략 1천 배 거리에 걸쳐 태양계 외곽을 둘러싸고 있습니다. 1977년 지구를 떠난 보이저 1, 2호는 약 300년 후 오르트 구름 언저리에 이를 것이며, 그 구름을 헤치고 나가는 데만도 3만 년은 너끈히 걸릴 것입니다.

태양계의 기원을 밝힌 철학자

인류가 태양계의 존재를 인식하기 시작한 것은 16세기에 들어서였습니다. 그전에는 인류 문명 수천 년 동안 태양계라는 개념이 형성되지 않았다는 얘기죠. 평평한 지구가 우주의 중심에 부동자세로 있으며, 하늘에서 움직이는 다른 천체와는 절대적으로 다른 존재라고 믿었습니다. 말하자면 천동설을 신봉해, 지금도 존재하는 지구 평평족의 선조 격이죠.

그러나 지구가 태양 둘레를 돈다는 지동설은 일찍부터 싹텄습니다. 2,300년 전 고대 그리스의 철학자 사모스의 아리스타르코스가 인류 최초로 태양 중심의 우주론을 주창했지요. 근세에 태양 중심설을 수학적으로 처음 예측한 사람은 니콜라우스 코페르니쿠스였습니다. 그 후 케플러와 갈릴레오, 뉴턴을 거치면서 지구를 비롯한 행성들이 태양 주위를 움직인다는 지동설과 함께 태양계의 개념이 서서

우리는 스스로 빛나는 별이다

히 싹트기 시작한 것입니다.

그렇다면 이 태양계는 언제, 어떻게 만들어졌을까요? 물론 지구에 사는 어느 누구도 그것을 직접 목격한 사람은 없습니다. 그러나 18세기, 깊은 사유 끝에 태양계의 형성에 대한 놀라운 가설을 들고 나온 사람이 있었습니다. 그것도 천문학자가 아닌 철학자였습니다.

《순수이성비판》을 쓴 철학자 이마누엘 칸트의 박사 학위 논문이 철학이 아니라 천문학 이론임을 아는 사람은 그리 많지 않은 것 같습니다. 1755년에 발표된 칸트의 학위 논문은 그 제목부터가 '일반자연사와 천체 이론'입니다. 하긴 그 시대에는 철학과 천문학 사이에 명확한 선이 없었죠. 하지만 칸트의 논문은 명확히 천문학에 관한 내용이었습니다. 그것도 우리 태양계의 생성에 관한 학설로, 흔히 '성운설'이라고 불리는 것입니다. 현대 천문학 교과서에도 '칸트의 성운설'로 당당하게 올라 있죠.

일찍이 뉴턴 역학에 매료되어 대학에서 철학과 함께 물리학과 수학을 공부했던 칸트는 틈틈이 망원경으로 우주를 관측하며 천문학을 연구한 천문학자이기도 했습니다. 그는 대선배인 아리스토텔레스의 세계관이 뉴턴에 의해 붕괴되는 것을 보고 새로운 시대의 우주론에 깊이 빠져들었죠.

아리스토텔레스 체계는 세계를 달을 기준 삼아 천상계와 지상계 둘로 쪼개고, 그 소통을 금지시켰습니다. 따라서 기왕의 천문학에서는 천상은 불변 완전한 세계이고, 천체들은 올림포스 신들처럼 신성한 존재였죠. 그러나 천상이든 지상이든 중력의 법칙이 온 우주를 관통한다는 것을 증명한 뉴턴의 역학 앞에 아리스토텔레스가 더 이상 비틸 수 없었던 것은 당연합니다.

뉴턴 물리학의 등장으로 천문학은 새로운 전기를 맞이했습니다. 천상의 천체들 역시 지구처럼 질량을 가지고 중력으로 빈틈없이 묶여 있는 물체임이 밝혀진 거죠. 즉 지상의 물리학은 천상에서도 적용되며, 지상의 물리학을 통해 우주의 상황을 알 수 있다는 믿음을 갖게 된 것입니다. 인간의 몸은 비록 지상에 매여 있지만, 우리의 지성은 온 우주로 확장될 수 있다는 믿음이었습니다.

이제까지 항성 천구에 붙어 있는 빛점으로 간주되었던 하늘의 천체들이 질량을 가진 물체라는 사실이 알려지면서 하나의 흥미로운 문제가 제기되었습니다. 천체들의 내력, 곧 우주의 역사라는 문제에 인류가 눈을 뜨게 된 것입니다.

태초에 성운이 회전하기 시작했다

서른한 살이던 1755년에 발표한 '일반 자연사와 천체 이론'에서 칸트는 뉴턴 역학의 모든 원리를 확대 적용하여 우주의 발생을 역학적으로 해명하려 했습니다. 이것이 바로 뒷날 유명한 '칸트·라플라스 성운설'로 알려진 우주 발생 이론입니다.

우리는 스스로 빛나는 별이다

뉴턴이 생성 운동의 기원을 신의 '최초의 일격'으로 돌린 데 반해, 칸트는 우주의 생성과 진화에 사용되는 힘들은 물질에 내재하는 중력과 척력(반발 작용), 그리고 그 안에서 대립되는 힘이라고 생각했습니다.

| 태양계 성운설을 주창한 이마누엘 칸트 (1724~1804). 철학자이자 당대 최고의 우주론자였다.

이 이론에 따르면, 원시 태양계는 지름이 몇 광년이나 되는 거대한 원시 구름인 가스 성운이 그 기원입니다. 천천히 자전하던 이 원시 구름은 점점 식어 가면서 중력에 의해 중심 쪽으로 낙하하는 현상이 일어남으로써 수축이 이루어져 회전이 빨라지고, 마침내 그 중심부에서 태양이 탄생하고 주변부에는 여러 행성이 만들어졌다는 거죠. 행성들이 자전하면서 거기에서 떨어져나온 것들이 바로 위성입니다.

칸트는 이러한 방식으로 진화론적 생각을 역학 법칙에 따르는 천제 운동의 과학적인 설명과 결합시켰습니다. 태양을 비롯해 행성, 위성, 혜성 들이 원초적인 근본 물질들에서 분리되어 우주 공간을 채웠으며, 그 안에서 형성된 천체들이 태양계 공간을 운행하게 되었

| 원시 태양계 형성 상상도. 태양계 성운의 중력 붕괴로 시작되었다.

다는 것입니다.

칸트의 성운설은 행성들의 동일 평면 상에서 운동, 공전 방향과 태양의 자전 방향과의 일치 등을 잘 설명할 수 있다는 점에서 최초의 과학적인 태양계 기원설로 널리 받아들여졌습니다. 놀라운 예지력으로 태양계의 형성을 추론한 칸트는 평생 독신으로 살다가 1804년 2월 12일 새벽, 늙은 하인이 건넨 포도주 한 잔을 마시고는 "그것으로 좋다Es ist gut"라는 말을 남기고 삶을 마감했습니다. 향년 80세.

끝으로, 놀라운 직관과 예지로 그 시대의 어느 누구보다 우주의 진면목에 다가갔던 칸트의 묘비명은 우주와 인간을 아우르는 아름다운 내용으로 다음과 같습니다.

우리는 스스로 빛나는 별이다

"생각하면 할수록 내 마음을 늘 새로운 놀라움과 경외심으로 가득 채우는 것이 두 가지 있다. 하나는 내 위에 있는 별이 빛나는 하늘이요, 다른 하나는 내 속에 있는 도덕률이다."

칸트의 성운설을 물려받은 현대 과학이 이를 수정, 보충해 지금까지 풀어낸 태양계 생성 과정을 간략히 정리하면 다음과 같습니다. 까마득한 옛날, 한 46억 년 전 은하계의 한 나선 팔에서 지름 1광년, 즉 10조 킬로미터의 거대한 원시 수소 구름이 부근의 초신성 폭발로 중력 수축을 시작해 태양계의 모체가 된 태양 성운이 생겨났습니다. 수축을 계속할수록 태양 성운의 크기가 작아지는 대신 회전 속도는 빨라졌습니다. 각운동량 보존법칙 때문이죠. 또한 원반이 빠르게 회전할수록 성운은 점점 평평해집니다. 피자 파이 반죽을 빠르게 돌리면 두께가 더욱 얇아지는 것과 같은 이치죠.

이렇게 만들어진 원시 행성계의 원반 성운은 계속 밀도가 높아진 끝에 이윽고 중심 온도가 핵융합이 가능한 고온까지 도달해 빛을 내뿜는 태양이 탄생하기에 이른 것입니다. 그리고 이 원시 태양의 주위를 도는 물질들의 원반에서는 수많은 미행성이 생겨나고, 이들의 거듭된 충돌과 병합으로 행성과 위성, 소행성 같은 천체들이 태어나게 되었습니다. 그중 지구 행성에서는 생명체가 발생했고, 이윽고 지성을 가진 인류가 출현하기에 이른 것입니다. 거기에 소요된 시간이 바로 우주의 역사 138억 년이라 할 수 있습니다. 138억 년을 1년이라고 친다면, 인류가 나타난 시간은 12월 31일 23시 54분입니다.

지구의 길동무들

우선 '수금지화목토천해'로 일컬어지는 행성 8형제부터 간략하게 짚어 봅시다. 태양을 뺀 나머지 질량의 98퍼센트 이상을 차지하는 이 행성 8형제는 얼마 전까지만 해도 9형제였습니다. 막내 명왕성이 2006년 왜소 행성으로 분류되어 행성 목록에서 퇴출당함으로써 태양계 행성은 8형제로 낙착되었습니다.

이들 행성은 다시 두 부류로 나뉘는데, 수성, 금성, 지구, 화성을 묶어 지구형 행성이라 하고, 목성, 토성, 천왕성, 해왕성을 묶어 목성형 행성이라 합니다. 지구형 행성은 대체로 지구와 비슷한 크기, 질량을 가지며 밀도가 높은 반면, 목성형 행성은 질량이 지구의 15~318배에 이르지만 밀도는 지구형 행성의 20퍼센트에 지나지 않습니다. 이는 목성형 행성은 대부분 수소나 헬륨 등 가벼운 원소가 주성분인 데 비해, 지구형은 수소, 헬륨 외에 무거운 원소들을 많이 포함하기 때문이죠. 특히 토성은 비중이 0.7로, 물에 담그면 둥둥 뜰 정도입니다. 특기할 점은 목성형 행성들은 모두 고리를 가지고 있다는 점입니다.

이 8개의 행성은 태양을 중심으로 짧게는 88일(수성), 가장 길게는 165년(해왕성)을 주기로 태양을 공전하는데, 그 궤도는 가장 안쪽에 있는 수성을 제외하곤 몇 도 내로 하나의 평면 상에 있으며, 거의 완전한 원에 가깝습니다. 지구의 궤도는 완전원에서 겨우 2퍼센트만 어긋나며, 금성의 궤도는 0.7퍼센트 벗어날 따름이죠.

이들 행성 운동에 관한 법칙은 17세기 '천문학의 고행자'라고 할 수 있는 케플러가 평생을 바친 끝에 알아낸 케플러의 3법칙으로 완전히 밝혀졌으며, 인류는 케플러의 고난 덕분에 우주의 이정표를 얻게 되었습니다.

망원경 발명 후에 발견된 행성들

지구가 행성으로 낙착된 것은 17세기 초 망원경이 발명되면서, 수천 년 동안 인류의 머리를 옥죄어 온 천동설의 굴레가 벗겨지고 지동설이 확립된 이후의 일입니다.

토성까지 울타리 쳐진 이 아담한 태양계가 우주의 전부인 줄 알고 인류가 나름 평온하게 살았던 시간은 200년이 채 안 됩니다. 인류의 이 평온한 꿈을 일거에 깨뜨린 사람은 탈영병 출신의 한 음악가였습니다.

유럽에서 터진 7년 전쟁에 종군하다 영국으로 도망친 독일 출신의 윌리엄 허셜이 오르간 연주로 밥벌이하는 틈틈이 자작 망원경으로 밤하늘을 열심히 쳐다보다 그만 횡재를 하게 됐는데, 그게 바로

| 1980년대 보이저 2호가 촬영한 천왕성과 해왕성. 둘 다 가스 행성이다.

1781년의 천왕성 발견입니다. 이전에도 천왕성은 더러 사람의 눈에 띄었다는 기록이 있지만, 아무도 그것이 행성인 줄 몰랐었죠. 허셜이 최초로 자작 망원경으로 그 별이 보통 점상으로 보이는 여느 별과 달리 원반형으로 보인다는 사실을 발견하고 비로소 행성임을 알았던 것입니다. 그 행성은 토성 궤도의 거의 두 배나 되는 아득한 변두리를 천천히 돌고 있었죠. 그전까지 사람들은 토성 바깥으로 행성이 더 있으리라고는 상상조차 하지 못했습니다.

천왕성의 발견이 당시 사회에 던진 충격파는 신대륙 발견 이상으로 엄청났습니다. 인류가 수천 년 동안 믿어 온 아담하던 태양계의 크기가 갑자기 두 배로 확장되는 바람에 세상 사람들은 잠시 어리둥절할 수밖에 없었죠.

우리는 스스로 빛나는 별이다

하지만 이것은 시작에 불과했죠. 그로부터 반세기 남짓 만인 1846년에 영국의 애덤스와 프랑스의 르베리에가 해왕성을 발견했습니다. 그런데 이것은 망원경으로 발견한 것이 아니었습니다. 천왕성의 움직임에 이상한 변화가 있는 것을 보고 애덤스와 르베리에가 미지의 행성에 관해 뉴턴 역학에 따라 질량과 궤도를 계산해 본 결과, 그 뒤에 또 다른 행성이 있다는 것을 알게 된 거죠. 그래서 해왕성은 종이로 발견한 행성, 뉴턴 역학의 위대한 승리라는 화제를 낳았습니다.

해왕성의 이름 넵튠Neptune은 바다의 신 넵투누스Neptunus의 이름을 딴 것입니다. 해왕성에서 청록색 빛이 났기 때문에 바다를 상징하는 이름으로 지은 것 같습니다. 지금도 해왕성은 청록색의 진주라는 별칭을 가지고 있죠.

놀라운
태양계의 현실

지구, 태양계의 부스러기

　태양계를 일별해 보면, 이 태양계라는 동네에서 가장 중요한 존재는 지구도 아니고 인간도 아니라는 사실을 알 수 있습니다. 오늘도 하늘에서 빛나는 저 태양이야말로 태양계의 지존입니다. 보통 지존이 아니라 절대지존이라 할 만한데, 무엇보다 태양계 모든 천체가 가진 전체 질량 중에서 태양이 차지하는 비율이 무려 99.86퍼센트나 된다는 사실이 그것을 말해 줍니다. 나머지는 뺄셈을 해보면 금방 나옵니다. 0.14퍼센트. 놀랍지 않습니까? 절대지존이라 할 만하죠?

| 작렬하는 부분이 X등급의 태양 플레어[9]. 그 위 오른쪽에 크기 비교를 위해 지구를 놓았다. 거대한 화톳불 위의 메뚜기 정도라고나 할까?

　여덟 행성과 수많은 위성, 수천억 개에 이르는 소행성, 미행성, 성간 물질 등 태양 외 천체의 모든 질량을 합해 봤자 0.14퍼센트에 지나지 않습니다. 부스러기도 이런 부스러기가 없습니다. 더욱이 그 부스러기 중에서 목성과 토성이 또 90퍼센트를 차지한다는 점을 생각하면, 우리 70억 인류가 아옹다옹하며 붙어사는 지구는 태양계라는 큼직한 곰보빵에 붙어 있는 부스러기 중에서도 상부스러기인 셈입니다.

---

9) 플레어는 태양 대기에서 일어나는 격렬한 폭발 현상이다. 강력한 정도에 따라 A, B, C, M, X 등급으로 분류한다.

우리 지구는 태양 질량의 33만 3천 분의 1밖에 되지 않습니다. 지름은 109 대 1로, 태양의 지름은 무려 139만 킬로미터입니다. 지구에서 달까지 거리가 38만 킬로미터이니, 그것의 3.5배입니다. 과연 입이 딱 벌어지는 크기죠. 이것이 태양의 실체고, 태양계라는 우리 동네의 놀라운 현실입니다.

그런데 태양에는 이보다 더 중요한 점이 있습니다. 바로 태양계에서 유일하게 스스로 빛을 내는 존재, 즉 항성이라는 특권입니다. 빛을 낸다는 것은 무슨 뜻일까요? 유일한 에너지원이란 뜻입니다. 말하자면 태양계의 유일한 물주죠. 어느 모로 보든 태양계의 절대지존입니다.

만일 태양이 빛을 내지 않는다면 이 넓은 태양계 안에 인간은커녕 바이러스 한 마리 살 수 없을 것입니다. 지구에 존재하는 거의 모든 에너지, 곧 수력, 풍력까지 태양으로부터 나오지 않는 것이 없습니다. 고로 태양은 모든 살아 있는 것들의 어머니입니다. 하지만 이런 태양도 우리 은하에 있는 4천억 개의 별 중 지극히 평범한 하나의 별에 지나지 않는다는 사실이 새삼 놀랍습니다.

놀라운 태양계의 실제 움직임

우리가 아무런 감동도 없이 살고 있는 태양계란 동네가 알고 보니 이처럼 놀라운 곳이라는 사실을 알면 매일 보던 태양이 달라 보이기도 합니다. 아, 저 태양이 1억 5천만 킬로미터나 떨어진 곳에서 빛나는데도 이렇게 따뜻하구나. 저 태양 하나에 기대어 내가, 그리고 인류가, 다른 모든 생명들이 여기 삶을 꾸려 가고 있구나 생각하면, 나 자신이 우주의 한 부분이라는 실감에 참으로 뭉클해집니다.

그런데 이런 사실들보다 어쩌면 더 놀라운 사실이 또 있습니다. 우리는 지금 이 순간에도 자신도 모른 채 무서운 속도로 우주 속을 내달리고 있다는 사실입니다. 지금 당신은 적어도 1초에 350미터씩 강제로 공간 이동을 당하고 있는 중입니다. 지구의 자전 운동 때문이죠. 지구가 24시간에 한 바퀴 도니까, 지구 둘레 4만 킬로미터를 달리는 셈입니다. 적도 지방에 사는 사람이라면 1초에 500미터, 북위 38도쯤 사는 우리는 350미터씩 이동당하는 거죠. 이는 음속을 넘는 수치로, 시속 1,300킬로미터에 달하는 맹렬한 속도입니다.

그런데 이것은 시작에 불과합니다. 2단계로, 지구는 지금 이 순간에도 당신을 싣고 태양 둘레를 쉼 없이 달리고 있죠. 그러니까 지구가 반지름 1억 5천만 킬로미터인 원둘레를 1년에 한 바퀴 도는 셈인데, 그 속도가 무려 초속 30킬로미터입니다. 그런데도 우리는 왜 느끼지 못할까요? 우리가 지구라는 우주선을 타고 같이 움직이기 때문입니다. 바다 위를 고요히 달리는 배 안에서는 배의 움직임을 알 수 없는 거나 마찬가지죠. 이것을 갈릴레오의 상대성 원리라고 합니다.

3단계가 또 있습니다. 우리 태양계 자체가 은하핵을 중심으로 초속 220킬로미터로 돌고 있습니다. 이처럼 맹렬한 속도로 달리더라도 은하를 한 바퀴 도는 데 무려 2억 3천만 년이나 걸립니다. 이는 곧, 광대한 태양계란 것도 은하에 비하면 망망대해 속의 미더덕 하나라는 얘기죠. 하긴 은하라는 것도 이 대우주의 크기에 비하면 역시 대양 속의 거품 하나에 지나지 않죠. 그래서 어떤 천문학자는 신이 인간만을 위해 이 우주를 창조했다면 공간을 너무 낭비한 것이라고 푸념하기도 했습니다.

태양이 은하를 한 바퀴 도는 데 걸리는 시간을 1은하년이라고 하는데, 태양의 은하년 나이는 스물다섯 살쯤 됩니다. 앞으로 그만큼 더 나이를 먹으면 태양도 생을 마감하게 됩니다.

어쨌든 이 정도만 해도 멀미가 날 것 같은데, 이게 아직 끝이 아니란 거죠. 우리 미리내 은하 역시 맹렬한 속도로 우주 공간을 주파하는 중입니다. 우리 은하는 안드로메다은하, 마젤란은하 등 약 50여 개의 은하로 이루어져 있는 국부 은하군에 속하는데, 지금 이 국부 은하군 전체가 처녀자리 은하단의 중력에 이끌려 무려 초속 600킬로미터로 바다뱀자리 쪽으로 달려가고 있습니다.

마지막 결정적으로 하나 더! 우주 공간 자체가 지금 이 순간에도 빛의 속도로 무한 팽창을 계속하고 있으며, 수많은 별이 탄생과 죽음의 윤회를 거듭하고 있습니다. 광막한 우주 공간을 수천억 은하가 비산하고, 그 무수한 은하 중 하나의 조약돌인 우리 은하 속에서, 태양계의 지구 행성 위에서 우리가 살고 있는 겁니다. 이는 실제 상황입니다.

따지고 보면, 이 우주 속에서는 원자 알갱이 하나도 잠시 제자리에 머무는 놈이 없는 셈이죠. 이처럼 삼라만상의 모든 것이 무서운 속도로 쉼 없이 움직이는 것이 이 대우주의 속성입니다. 이를 일컬어 '일체무상一切無常'이라고 합니다.

당신은 지금 이 순간에도 우주의 '일체무상' 속에 몸을 담그고 있습니다. 이것은 소설이나 공상이 아니라, 현실입니다. 이 정도도 어질어질하시죠? 어떤 분은 어쩐지 어지럽다 했어, 그러기도 하죠. 하지만 우주는 너무나 조화로워, 우리는 이 모든 격렬한 움직임에서 보호받으며 이렇게 평온하게 살아가고 있는 겁니다. 이것이 기적이 아니고 무엇일까요?

우주는 이토록 위대하며, 신비를 넘어 감동입니다. 만약 당신이 시인의 마음으로 이 우주의 감동을 느낄 수 있다면, 그것만으로도 우주에 태어나 본전은 뽑은 셈 아닐까요?

인간 원리, 맞는 말일까?

천문학도 여기쯤 오면 이런 질문이 저절로 떠오릅니다. '대체 우리는 어쩌다 이런 희한한 세상에서 살게 된 거지?' 그렇습니다. 태양

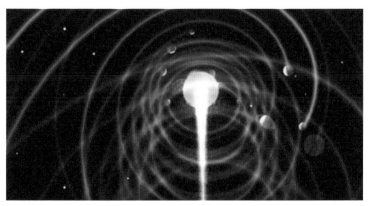

| 태양계의 실제 움직임. 유튜브에서 '태양계의 실제 움직임'을 검색해 동영상을 한번 보면 더욱 실 감나는 태양계 운동을 즐길 수 있다.

이 지구와 조금만 가깝거나 멀었다면 인류는 지구상에 나타나지 못했을 겁니다. 그뿐 아니죠. 우주가 초기에 조금만 삐끗했더라도 인간은 존재할 수 없었을 겁니다.

어떤 과학자들은 인간의 출현을 위해 우주의 기본 요소(강력, 약력, 전자기력, 중력)가 지적 설계자에 의해 극도로 미세조정되었다고 주장합니다. 우주가 지금의 모습인 까닭은 만약 지금 모습과 조금이라도 달랐더라면 지금 이런 질문을 하는 우리가 여기 존재하지 않았을 것이기 때문이라는 거죠. 이것을 인간 원리Anthropic principle라고 합니다.

일견 그럴듯하게 들리는 이 인간 원리의 최대 약점은 아무것도

우리는 스스로 빛나는 별이다

예측할 능력이 없다는 점입니다. 사후 추정postdiction의 전형적인 사례로, 아무짝에도 쓸모없는 이론이라는 거죠. 따라서 이것을 믿고 안 믿고는 전적으로 개인의 선택임을 알 수 있습니다.

태양계는 어떻게 끝날까?

태양계라는 광대한 우주 공간에서 태양과 그 행성들이 차지하는 상대적인 크기와 거리는 얼마나 될까요? 천체의 크기와 거리 관계를 정확한 축도로 한 장의 종이에 표현하기란 불가능합니다. 우주는 우리의 어떠한 상상력도 넘어설 만큼 광대하기 때문이죠.

예컨대, 태양을 귤 크기로 줄인다면 지구는 9미터 떨어진 주위를 원으로 그리며 도는 모래알입니다. 목성은 앵두 씨가 되어 60미터 밖을 돌며, 가장 바깥의 해왕성은 360미터 거리에서 도는 팥알이죠. 게다가 항성 간 평균 거리는 무려 3천 킬로미터나 되며, 태양에서 가장 가까운 별인 4.2광년 떨어진 프록시마 별은 2천 킬로미터 밖에다 그려야 합니다. 이 척도로 보면 우리 은하는 서로 평균 3천 킬로미터 떨어진 귤들의 집단이며, 그 크기는 무려 3천만 킬로미터나 됩니다.

이 귤들과 모래, 팥알 사이의 공간에는 무엇이 있나요? $1m^3$당 수소 원자 10개 정도가 떠돌고 있을 뿐입니다. 이는 사람이 만들 수 있는 어떤 진공보다도 더욱 완벽한 진공입니다. 광대한 공간에 귤 하

| 태양의 미래. 나선성운 NGC 7293. 70억 년 후 우리 태양도 저렇게 행성상 성운이 되는 날이 온다. 마치 거대한 우주의 눈처럼 보여 '신의 눈'이라는 별명을 갖게 되었다.

나, 수십 미터 밖에 모래알과 앵두씨 몇 개가 빙빙 돌고, 3천 킬로미터 떨어져 또 귤 한 개가 적막한 공간을 떠도는 곳. 이것이 우주 공간의 태허인 것입니다.

사람의 일생과 같이, 태양계의 구성원들도 결국 소멸됩니다. 약

우리는 스스로 빛나는 별이다

64억 년 후 태양의 표면 온도는 내려가며 부피는 크게 확장됩니다. 적색 거성으로의 길을 걷는 거죠. 78억 년 후 태양은 대폭발과 함께 자신의 외곽 층을 행성상 성운의 형태로 날려 보내고는 백색 왜성으로 알려진 별의 시체를 남깁니다. 성운의 고리는 저 멀리 명왕성 궤도에까지 미치고, 그 속에는 틀림없이 인류 문명의 잔해들도 포함돼 있겠지요. 지구를 떠난 인류의 후손들이 먼 외계 행성에서 태양계 고리를 바라보면서 오랜 선조의 이야기를 떠올릴지도 모르겠습니다.

행성들 역시 태양과 같은 소멸의 길을 걷는데, 머나먼 미래에 태양 주변을 지나가는 항성의 중력으로 서서히 행성 궤도가 망가지고, 행성 중 일부는 태양으로 끌려가 파멸을 맞을 것이며, 나머지는 우주 공간으로 내팽개쳐질 것입니다. 결국, 수조 년이 흐르면, 백색 왜성의 태양은 자신을 공전하는 천체들을 모두 잃고 황막한 빈 공간에 홀로 남겠죠. 그리고 우주 시간으로 볼 때 극히 짧은 순간 지구상에 문명을 일구며 살아왔던 인류의 흔적은 어느 우주 공간에서도 찾아보기 힘들게 될 것입니다.

15억 년 후의
이별

달이 1년에 3.8센티미터씩 멀어져 간다

달이 언제 어떻게 생겨났느냐에 대해서는 대체로 잘 알려져 있습니다. 태양계 초기인 45억 년 전, 화성 크기만 한 천체가 초속 15킬로미터의 속력으로 지구를 들이받아 만들어졌다는 설이 대략 자리를 잡았죠. 이른바 '거대 충돌설'입니다. 이름 붙이기를 좋아하는 학자들은 그 난데없는 천체에다 '테이아'라는 멋진 이름까지 붙였습니다. 테이아란 그리스 신화에서 달의 여신 셀레네의 어머니죠.

그 후 45억 년 동안 지구와 마주 보며 서로 껴안듯이 돈 달은 중력으로 지구에 단단히 묶인 나머지 공전 주기와 자전 주기가 같아

우리는 스스로 빛나는 별이다

지게 되었고, 그 결과 지구에서는 달의 앞면만 보일 뿐, 뒷면은 결코 볼 수 없게 되었죠.

달이 지구에 끼친 영향이란 참으로 엄청납니다. 하루가 24시간으로 된 것도, 지구 바다의 밀물과 썰물도 달로부터 비롯된 것입니다. 그뿐만 아니라 지구 자전축을 23.5도로 안정되게 잡아 줌으로써 사계절이 있게 한 것도 오로지 달의 공덕이죠. 달이 없었다면 지구에서 생명체가 나타나지 않았을지도 모릅니다.

그런데 영원히 지구랑 같이 갈 것 같던 이 달이 지구로부터 점점 멀어져 가고 있답니다. 더욱이 그 속도가 갈수록 빨라지고 있다고 합니다. 수십 년에 걸친 측정 결과 달이 1년에 3.8cm 비율로 멀어지고 있음이 밝혀졌습니다. 이 벼룩 꽁지만 한 길이를 어떻게 쟀는가 하면, 1971년 아폴로 15호의 승무원이 달에 설치한 레이저 역반사 거울이 그 답이죠. 이 거울은 빛이 온 방향 그대로 반사시켜 주는 특별한 반사체죠.

지구에서 달까지 왕복 거리는 약 80만 킬로미터고, 지구에서 쏘는 레이저빔이 이 반사거울까지 갔다가 되돌아오는 시간이 약 2.7초입니다. 반사되어 돌아오는 레이저광의 시간을 재면 지구에서 달까지의 거리를 1밀리미터 오차도 없이 정밀하게 알 수 있습니다. 그 측정 결과가 1년에 3.8센티미터씩 달이 지구로부터 멀어져 가고 있다는 사실을 명확히 보여 줍니다.

밀물과 썰물이 달을 밀어낸다

그런데 대체 달은 왜 멀어져 가는 걸까요? 달도 이젠 인간들이 난리 치는 지구가 지겹다는 걸까요? 이유는 달이 만드는 지구의 밀물과 썰물 때문입니다. 풀이하자면, 이 밀물과 썰물이 지표외의 마찰로 지구 자전운동에 약간 브레이크를 걸어 감속시키고, 그 반작용으로 달은 지구에서 에너지를 얻어 약간 뒤로 밀리게 됩니다. 원운동하는 물체를 밀면 그 물체는 더 높은 궤도, 더 큰 원을 그리는 이치와 같죠. 달이 그 힘을 받아 해마다 3.8센티미터씩 지구와의 거리를 넓혀 가는 거죠.

작지만, 이 3.8센티미터의 뜻은 심오합니다. 티끌 모아 태산이라고, 이것이 차곡차곡 쌓이다 보면 10억 년 후에는 달까지 거리의 10분의 1인 3만 8천 킬로미터가 되고, 100억 년 후에는 38만 킬로미터가 됩니다. 달이 지구에서 두 배나 멀어지는 셈이죠. 아니, 그 전인 10억 년 후 달이 지금 위치에서 10퍼센트 더 벌어져 44만 킬로미터만 떨어져도 지구는 일대 혼란 속으로 빠져들게 됩니다. 그동안 자전축을 잡아 주어 23.5도를 유지하게 해 계절을 만들어 주던 달이 사라진다면, 자전축이 어떻게 기울지 알 수 없습니다. 만약 태양 쪽으로 기울어진다면 지구에 계절이 다 없어지고, 북극과 남극 빙하가 다 사라져, 동식물의 멸종을 피할 수 없을 거라고 과학자들은 전망합니다.

우리는 스스로 빛나는 별이다

이처럼 달이 없는 지구는 상상하기조차 힘듭니다. 달이 지구로 부터 멀어지면 지구는 대재앙을 피할 길이 없습니다. 기온은 극단적으로 변해 물을 증발시키고 얼음을 녹여 해수면이 수십 미터 상승하게 됩니다. 또한 흙먼지 폭풍과 허리케인이 수 세대 동안 이어지게 된다. 달의 보호가 없다면 결국 지구의 생명체는 완전히 사라질지도 모릅니다.

15억 년 후 목성이 달을 떼어 낸다

15억 년쯤 후, 달은 지구에서 상당히 멀어져 목성의 중력이 지구와 달을 떼어 낼 겁니다. 최악의 상황은 지구의 자전축이 90도로 기울어지는 것입니다. 그러면 어떤 일이 일어날까요? 극점이 정확히 태양을 바라보게 되어 양극의 빙원이 녹아 버리고, 지구의 반이 얼고 나머지 반은 사막이 됩니다.

똑바로 내리쬐는 태양은 지구의 상당 부분을 사막으로 만들고 모든 것을 모래로 뒤덮어 지구의 10분의 1을 없애 버립니다. 그리고 햇빛이 부족해 전에 없던 엄청난 겨울을 경험하게 됩니다. 식물들은 고사하거나 동사하고, 뒤이어 동물들은 대량 멸종의 나락으로 떨어지게 됩니다. 하지만 이런 혼돈은 시작에 불과합니다. 달이 멀어졌을 때 지구의 움직임은 예측 불가지만, 한 가지 분명한 것은 그 시기가 분명히 다가오고 있으며 점점 빨라지고 있다는 사실입니다.

| 지구돋이. NASA의 아폴로8호 우주인이 1968년 12월 24일 달 궤도에서 달의 지평선 위로 떠오르는 지구를 찍었다. '지구돋이'라는 이름을 얻은 이 사진은 인류에게 가장 극적인 조망효과를 주었다.

그러면 결국 어떻게 될까요? 확실한 것은 언제가 되든 달이 결국은 지구와 이별할 거란 점입니다. 그 후 태양 쪽으로 날아가 태양에 부딪혀 장렬한 최후를 맞을지, 아니면 외부 태양계 쪽으로 날아가 광대한 우주 바깥을 헤맬지, 그 행로야 알 수 없지만 말입니다. 문제는 45억 년이란 장구한 세월 동안 지구와 껴안고 같이 돌던 달도 언

우리는 스스로 빛나는 별이다

제까지나 그렇게 있을 존재는 아니라는 얘기죠.

오늘 밤이라도 바깥에 나가 하늘의 달을 보세요. 우리 지구의 동생인 저 달도 언젠가는 형과 작별을 고합니다. 회자정리會者定離죠. 여기에는 예외가 없습니다. 그런 생각으로 달을 바라보면 더 유정하고 더 아름답게 느껴질 것입니다.

달이 떠난 뒤에도 지구에 생명이 살 수 있을까요? 100억 년 사는 별에 비하면 고작 몇십 년 사는 하루살이 인생이 몇억, 몇십억 년 후의 일을 걱정한다는 것이 부질없는 일일지도 모르겠네요.

지구를 지켜 준 건 목성이 아니라 토성이었다!

많은 과학자가 목성이 혜성이나 소행성들로부터 내부 행성계를 지켜 주는 방패막이 역할을 하는 것으로 보고 있지만, 그렇지 않을 수도 있다는 새 연구가 발표되었다. 새로운 시뮬레이션이 보여 주는 바에 따르면, 토성이 지구를 위협하는 소행성들을 비켜 가게 하는 결정적인 역할을 하는 것으로 밝혀졌다.

'방패로서의 목성'이란 개념은 1994년 미국 행성 과학자 조지 웨서릴의 논문을 잘못 해석한 데서 비롯되었다고, 같은 행성 과학자 캐빈 그레이지어가 설명한다. 카네기 연구소 소속이었던 웨서릴 (2006년 작고)은 논문에서 목성을 실패한 항성이라 규정하고, 목성이 보다 밀도 높은 혜성 영역에 자리 잡고 성간 공간으로 혜성들을 좀 적게 방출했더라면 항성이 될 수 있었을 것이라고 추정했다.

그레이지어 박사는 시뮬레이션을 통해 작은 천체, 예컨대 혜성이나 소행성 등은 목성과 토성 궤도 사이에선 쫓겨 나간다는 사실을 발견했다. 하지만 그들 중 많은 수는 내부 태양계로 진입한 후 방출된다는 것도 알아냈다. 시뮬레이션을 더 진행해 보면 목성과 토성이 협력해서 이러한 소행성들을 외부로 축출한다는 사실을 보여 준다.

| 미션을 완료하고 토성 대기권으로 뛰어들어 불타는 카시니 탐사선.

만약 목성이나 토성 중 하나만 존재했더라면 태양계로 진입하는 소천체들을 거의 축출하지 못하고 하나의 소천체 띠를 이루었을 것으로 보인다.

새 연구는 목성이 가스체 행성이 됨으로써 지구와 같은 내부 태양계 행성에 결정적인 영향을 미친 사실도 새로 규명해 냈다. 목성의 가스는 물처럼 비등점이 낮은 휘발성 혼합체다. 논문은 내부 태양계로 진입한 소행성들이 목성의 중력에 의해 감속되면서 지구나 다른 천체에 자신의 물질이 보다 쉽게 축적되도록 해준다는 사실도 밝혀냈다. 결론적으로 태양계에서 목성의 역할은 방패막이보다는 지구에 물과 생명을 촉발하는 기체를 공급하는 더 큰 기능을 했으며, 토성이 혜성과 소행성들을 막아내는 방패 구실을 더 강력하게 했다는 것이다.

행성의 이름은 어떻게 지어졌을까?

예로부터 인류와 가장 가까운 천체는 해와 달을 비롯해 수성, 금성, 화성, 목성, 토성이었다. 옛사람들은 밤하늘이 통째로 바뀌더라도 별들 사이의 상대적인 거리는 변하지 않는다는 사실을 알았다. 그래서 별은 영원을 상징하는 존재로 인류에게 각인되었다.

서양에서는 플라톤 시대 이후부터 달을 포함해 이들 행성은 지구에서 가까운 쪽부터 달, 수성, 금성, 태양, 화성, 목성, 토성이 차례로 늘어서 있다고 생각했다. 하지만 위의 다섯 개 별은 일정한 자리를 지키지 못하고 별들 사이를 유랑하는 것을 보고, 떠돌이란 뜻의 그리스어인 플라나타이planetai, 곧 떠돌이별이라고 불렀다. 바로 우리가 행성이라고 부르는 천체들이다. 그런데 엄밀히 말하면 행성은 별이 아니다. 별은 보통 붙박이별, 곧 항성을 일컫는 말이다.

서양에서 부르는 태양계 행성 이름들은 거의 로마 신화에서 따온 것이다. 물론 이 밝은 행성들은 눈에 띄었기 때문에 고대로부터 문명권마다 다른 이름을 가지고 있었지만, 로마 시대에 지어진 이름들이 점차 대세를 차지해 오늘에 이르고 있다. 예컨대, 빠른 속도로 태양 둘레를 도는 수성은 로마 신들 중 메신저 역할을 한 날개 달린 머큐리Mercury에서 따왔고, 새벽이나 초저녁 하늘에서 아름답게 빛나는 금성에는 로마 신 중 미와 사랑의 여신인 비너스Venus의 이름

우리는 스스로 빛나는 별이다

| 태양계의 행성 식구들 상상도. 크기와 거리는 비례에 맞지 않는다.

을 갖다 붙였다.

화성에 마르스Mars라는 이름이 붙은 것은 그리 놀랄 일이 아니다. 화성 표면이 산화철로 인해 붉게 보이기 때문에 로마의 전쟁 신 마르스의 이름을 징발한 것이다. 태양계 행성 중 최대 크기를 자랑하는 목성에 신들의 왕 주피터Jupiter를 가져온 것도 그럴듯하다. 토성은 주피터의 아버지인 농업의 신 새턴Saturn에서 따왔다. 지구를 뜻하는 어스Earth만은 예외였는데, 그리스 로마 시대 이전부터 지구가 행성이란 사실을 몰랐기 때문에 붙인 이름이다.

물론 중국과 극동 지역에도 드넓은 밤하늘에서 수많은 별 사이를 움직여 다니는 이 다섯 별이 잘 알려져 있었다. 고대 동양인은 이 별들에게 음양오행설과 풍수설에 따라 '화(불), 수(물), 목(나무), 금(쇠), 토(흙)'라는 특성을 각각 부여했고, 결국 이들은 별을 뜻하는 한자 변 성(星)자가 뒤에 붙어 화성, 수성, 목성, 금성, 토성이라는 이름을 얻게 되었다. 여기서도 지구는 역시 행성이 아닌 것으로 취급되어 '흙의 공'이라는 뜻인 '지구地球'란 이름을 얻게 되었다.

따라서 오늘날 우리가 쓰고 있는 요일 이름, 곧 일, 월, 화, 수, 목, 금, 토는 사실 천동설에 그 뿌리를 내리고 있다는 것을 알 수 있다.

우리는 스스로 빛나는 별이다

4장

상상 이상으로
기괴한 블랙홀

우주는 우리가 상상하는 것보다
기이할 뿐만 아니라,
상상할 수 있는 것 이상으로 기이하다.

—존 에클스(영국 과학자)

상상 속에서
태어난 블랙홀

'검은 별(Dark stars)'

블랙홀은 우주에서 가장 기이하고도 환상적인 천체라 할 수 있습니다. 물질밀도가 극도로 높은 나머지 빛마저 빠져나갈 수 없는 엄청난 중력을 가진 존재입니다.

가까이 접근하는 모든 물체를 가리지 않고 게걸스럽게 집어삼키는 중력의 감옥, 블랙홀. 모든 연령층, 모든 직업군을 아우르면서 블랙홀에 대해 크나큰 관심을 불러일으키고 상상력을 자극하는 것은 대체 무엇 때문일까요?

우리는 스스로 빛나는 별이다

이 괴이쩍은 존재는 최초로 인간의 상상 속에서 태어났습니다. 1783년, 천문학에 관심이 많던 영국의 지질학자 존 미첼은 밤하늘의 별을 보면서 엉뚱한 생각을 합니다. 뉴턴이 중력 법칙과 빛의 입자설을 결합하여, "별이 극도로 무거우면 중력이 너무나 강한 나머지 빛마저 탈출할 수 없게 되어 빛나지 않는 검은 별이 될 것이다." 이것이 블랙홀 개념의 첫 씨앗이었습니다. 미첼은 이런 생각을 쓴 편지를 왕립협회로 보냈습니다.

"만약 태양과 같은 밀도를 가진 어떤 구체의 반지름이 태양의 500분의 1로 줄어든다면, 무한한 높이에서 그 구체로 낙하하는 물체는 표면에서 빛의 속도보다 빠른 속도를 얻을 것이다. 따라서 빛이 다른 물체들과 마찬가지로 관성량에 비례하는 인력을 받게 된다면, 그러한 구체에서 방출되는 모든 빛은 구체의 자체 중력으로 인해 구체로 되돌아갈 것이다."

그러나 당시 과학자들은 이론적인 것일 뿐, 그런 별이 실재하지는 않을 거라고 생각해 무시했습니다. 이러한 '검은 별' 개념은 19세기 이전까지 거의 무시되었는데, 그때까지 빛의 파동설이 우세했기 때문에 질량이 없는 파동인 빛이 중력의 영향을 받을 것이라고는 생각하기 힘들었기 때문입니다.

블랙홀 등장, 백조자리 X-1

그로부터 130년이 훌쩍 지난 1916년, 아인슈타인이 우주를 기술하는 뉴턴 역학을 대체하여 시간과 공간이 하나로 얽혀 있음을 보인 일반 상대성 이론을 발표한 직후, 검은 별 개념은 새로운 활력을 얻어 재등장했습니다. 일반 상대성 이론은 중력을 구부러진 시공간으로 간주하며, 질량을 가진 천체는 주변 시공간을 휘게 만든다는 이론입니다.

독일의 카를 슈바르츠실트가 아인슈타인의 중력장 방정식을 별에 적용해서 방정식의 해를 구했습니다. 그 결과, 별이 일정한 반지름 이하로 압축되면 빛마저 탈출할 수 없는 강한 중력이 생기고, 그 중심에는 모든 물리법칙이 통하지 않는 특이점이 나타난다는 것을 알았습니다. 이것을 오늘날 슈바르츠실트 반지름이라고 부릅니다. 이는 어떤 물체가 블랙홀이 되려면 얼마만 한 반지름까지 압축되어야 하는가를 나타내는 반지름 한계치입니다.

이에 대해 아인슈타인은 "슈바르츠실트 반지름은 수학적 해석일 뿐, 실재하지 않는다는 것을 내 연구는 보여 준다"면서 인정하지 않았습니다. 그러나 그 뒤 핵물리학이 발전해 충분한 질량을 지닌 천체가 자체 중력으로 붕괴한다면 블랙홀이 될 수 있다는 예측을 내놓았고, 이 예측은 결국 강력한 망원경으로 무장한 천문학자들에 의해 관측으로 입증되었습니다. 1963년 미국 팔로마산 천문대는 심우주

우리는 스스로 빛나는 별이다

에서 유독 밝게 빛나는 천체를 발견했는데, 그것이 검은 별의 에너지로 형성된 퀘이사임을 확인했습니다. 오로지 상상 속에서만 존재하던 검은 별이 2세기 만에 마침내 실마리를 드러낸 것입니다.

사실 이전에는 '블랙홀'이란 이름조차 없었습니다. 대신 '검은 별', '얼어붙은 별', '붕괴한 별' 등 이상한 이름으로 불려 왔죠. '블랙홀'이란 용어를 최초로 쓴 사람은 미국 물리학자 존 휠러로, 1967년에야 일반에게 처음 소개되었으며, 블랙홀의 실체가 발견된 것은 1971년이었습니다. 그 존재가 예측된 지 거의 200년이 지나서야 이름을 얻고 실체가 발견된 셈입니다.

1971년 NASA의 X-선 관측 위성 우후루는 블랙홀 후보로 백조자리 X-1을 발견했습니다. 강력한 X-선을 방출하는 이것이 과연 블랙홀인가를 놓고 이론이 분분했는데, 급기야는 과학자들 사이에서 내기가 붙었습니다. 1974년 스티븐 호킹과 킵 손 사이에 벌어진 내기에서 호킹은 백조자리 X-1이 블랙홀이 아니라는 데 걸었고, 킵 손 교수는 그 반대에 걸었습니다. 지는 쪽이 성인 잡지《펜트하우스》1년 정기 구독권을 주기로 했죠. 1990년 관측 자료에서 특이점의 존재가 입증되자 호킹은 내기에 졌음을 인정하고 잡지 구독권을 킵 손에게 보냈는데, 그 일로 킵 손 부인에게 엄청 원성을 샀다고 합니다.

2005년에는 우리 은하 중심에서도 블랙홀이 발견되었는데, 최

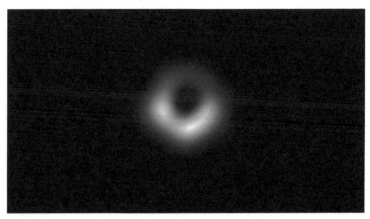

| 2019년 4월 최초로 이미지를 찍은 블랙홀. 지구 크기의 전파간섭계를 구성해 잡아낸 초대질량 블랙홀 M87의 모습. 중심의 검은 부분은 블랙홀(사건의 지평선)과 블랙홀을 포함하는 그림자이고, 고리의 빛나는 부분은 블랙홀의 중력에 의해 휘어진 빛이다.

신 관측 자료에 따르면 전파원 궁수자리 A*가 태양 질량의 430만 배인 초대질량 블랙홀임이 밝혀졌습니다.

영화 〈인터스텔라〉 제작에 자문역으로 참여하기도 했던 킵 손은 나중에 블랙홀 존재를 결정적으로 입증한 LIGO[10]의 블랙홀 중력파 검출로 노벨 물리학상을 받았습니다. 블랙홀 연구에 큰 업적을 남긴 호킹은 노벨상을 받지 못해 안타깝게도 킵 손에게 두 번이나 패배한

---

10) 레이저 간섭계 중력파 관측소(Laser Interferometer Gravitational-Wave Observatory, LIGO). 미국 워싱턴주 핸포드와 루이지애나주 리빙스턴에 있는 중력파 관측 시설. 2015년 9월 14일 네 개의 블랙홀 충돌로 인한 중력파를 검출하는 데 성공한 공로로 킵 손 외 두 명이 2017년 노벨 물리학상을 받았다.

우리는 스스로 빛나는 별이다

형국이 되었습니다.

뉴턴의 뒤를 이은 최고의 물리학자로 꼽히던 호킹 박사는 평생을 루게릭병으로 고통받으면서도 우주의 비밀을 밝히는 데 헌신하다

| 〈갤럭시 송〉 뮤비에 출연했을 때의 호킹 박사. 왼쪽부터 몬티 파이튼의 일원인 에릭 아이들, 호킹, 물리학자 브라이언 콕스.

가 2018년 향년 76세로 우주로 떠났습니다. 예전에 우리나라도 한번 방문한 적이 있는데, 한 강연에서 자신의 최고 업적은 서른 살까지밖에 못 산다는 의사의 말을 무시하고 지금까지 살아 있는 거라는 농담을 하기도 했습니다.

아인슈타인 이후 가장 유명한 과학자로 언론의 조명을 받았던 호킹 박사는 영국의 코미디 그룹 몬티 파이튼의 1980년대 노래 〈갤럭시 송〉의 뮤직비디오에 휠체어를 탄 모습으로 출연해 시청자들을 우주로 안내하기도 했습니다. 〈갤럭시 송〉은 1980년대 영국을 휩쓴 코미디 그룹 몬티 파이튼이 만든 영화 〈삶의 의미〉에 처음 소개된 노래로, 호킹 박사는 이 뮤직비디오에서 휠체어를 탄 모습으로 은하수를 여행합니다. 이 재미있는 뮤직비디오는 유튜브에 있으니 찾아서 한번 감상해 보세요.

블랙홀의 존재, 어떻게 알 수 있나?

블랙홀은 엄청난 질량을 갖고 있지만 덩치는 아주 작습니다. 그만큼 물질 밀도가 극도로 높다는 뜻이죠. 예컨대 태양이 블랙홀이 되려면 밀도가 얼마나 높아야 할까요? 슈바르츠실트 반지름의 해 공식으로 구해 보면, 70만 킬로미터인 반지름이 3킬로미터까지 축소되어야 하며, 밀도는 자그마치 $1cm^3$에 200억 톤의 질량이 됩니다. 각설탕 하나 크기가 그만한 무게라는 얘기죠. 지구가 블랙홀이 되려면 반지름이 우리 손톱 정도인 0.9센티미터로 작아져야 합니다.

이처럼 초고밀도의 블랙홀은 중력이 극강이어서 어떤 것도 블랙홀을 탈출할 수가 없습니다. 지구 탈출 속도는 초속 11.2킬로미터이며, 빛의 초속은 30만 킬로미터입니다. 블랙홀의 중력이 너무나 강해 탈출 속도가 30만 킬로미터를 넘기 때문에 빛도 여기서 탈출할 수 없는 거죠. 따라서 우리는 블랙홀을 볼 수가 없습니다. 그런데 과학자들은 블랙홀의 존재를 확인할 수 있습니다. 어떻게? 블랙홀이 주변의 가스와 먼지를 강력히 빨아들일 때 방출하는 X-선 복사로 그 존재를 탐색하는 거죠.

우리 은하 중심부에 있는 초대질량 블랙홀은 두꺼운 먼지층과 가스로 뒤덮여 있어 X-선 방출을 가로막고 있습니다. 물질이 블랙홀로 빨려들어갈 때 블랙홀의 사건 지평선 입구에서 안으로 들어가지 않고 스쳐 지나는 경우도 있습니다. 블랙홀이 직접 보이지는 않지만, 물질이 함입될 때 발생하는 강력한 제트 분출은 아주 먼 거리에서도 볼 수 있습니다.

1958년에 미국의 물리학자 데이비드 핀켈스타인이 블랙홀의 '사건 지평선' 개념을 처음으로 선보였습니다. 사건 지평선이란 외부에서는 물질이나 빛이 자유롭게 안쪽으로 들어갈 수 있지만, 내부에서는 블랙홀의 중력에 대한 탈출 속도가 빛의 속도보다 커서 원래의 곳으로 되돌아갈 수 없는 경계를 말합니다. 말하자면 블랙홀의 일방통행 구간의 시작점이죠. 어떤 물체가 사건의 지평선을 넘어갈 경우, 그 물체에는 파멸적 영향이 가해지겠지만, 바깥 관찰자에게는 속도가 점점 느려져 그 경계에 영원히 닿지 않는 것처럼 보입니다.

블랙홀은 특이점과 안팎의 사건 지평선으로 구성됩니다. 특이점이란 블랙홀 중심에서 중력의 고유 세기가 무한대로 발산하는 시공간 영역으로, 여기서는 물리법칙이 성립되지 않습니다. 즉 사건의 인과적 관계가 보장되지 않는다는 뜻이죠. 이 특이점을 둘러싸고 있는 것이 안팎의 사건 지평선으로, 바깥 사건 지평선은 물질이 탈출할 수 있는 경계지만, 안쪽의 사건 지평선은 어떤 물질도 탈출이 불가능한 경계입니다.

블랙홀, 화이트홀, 웜홀

1964년, 이론 물리학자 존 휠러가 최초로 '블랙홀'이라는 단어를 대중에게 선보인 데 이어 1965년에는 러시아의 이론 천체물리학자 이고르 노비코프가 블랙홀의 반대 개념인 '화이트홀'이라는 용어를 만들었습니다. 만약 블랙홀이 모든 것을 집어삼킨다면 언젠가 우주 공간으로 토해 낼 구멍도 필요하지 않겠는가 하는 것이 이 화이트홀 가설의 근거입니다. 말하자면, 블랙홀은 입구가 되고 화이트홀은 출구가 되는 셈이죠.

이렇게 블랙홀과 화이트홀을 연결하는 우주 시공간의 구멍을 웜홀(벌레구멍)이라고 합니다. 말하자면 두 시공간을 잇는 좁은 통로로, 우주의 지름길이라고 할 수 있죠. 웜홀을 지나 성간 여행이나 은하 간 여행을 할 때, 훨씬 짧은 시간 안에 우주의 한쪽에서 다른 쪽으로 도달할 수 있다는 거죠. 웜홀은 벌레가 사과 표면의 한쪽에서 다른 쪽으로 이동할 때 이미 파먹은 구멍으로 가면 더 빨리 간다는 점에 착안해서 이름 지은 거죠.

하지만 화이트홀의 존재는 증명된 바 없으며, 블랙홀의 기조력 때문에 진입하는 모든 물체가 파괴되어 웜홀을 통한 여행은 수학적으로만 가능할 뿐입니다. 그래서 스티븐 호킹도 웜홀 여행이라면 사양하고 싶다고 말한 적이 있습니다.

어쨌든 블랙홀의 현관 안으로 들어갔던 물질이 다른 우주의 시공간으로 다시 나타난다는 아이디어는 그다지 놀랄 만한 것이 아니지만, 여기에서 무수한 공상과학 이야기가 탄생했습니다. 〈닥터 후

우리는 스스로 빛나는 별이다

Doctor Who〉〈스타게이트Stargate〉〈프린지Fringe〉 등 끝이 없을 정도죠.

이런 얘기들은 하나같이 등장인물들이 우리 우주와 다른 우주 또는 평행 우주를 여행한다는 줄거리로 되어 있습니다. 그러한 우주는 수학적으로 성립되는 가공일 뿐, 그 존재에 대한 증거는 아직까지 하나도 밝혀진 것이 없습니다.

그러나 어떤 의미에서 시간여행이 현실적으로 불가능하다는 얘기는 아닙니다. 만약 우리가 엄청난 속도로 여행하거나, 블랙홀 안으로 떨어진다면 외부 관측자의 눈에는 시간의 흐름이 아주 느리게 보일 것입니다. 이것을 중력적 시간 지연이라고 합니다.

이 효과에 의해 블랙홀로 낙하하는 물체는 사건의 지평선에 가까워질수록 점점 느려지는 것처럼 보이고, 사건의 지평선에 닿기까지 걸리는 시간은 무한대가 됩니다. 즉 사건의 지평선에 닿는 것이 외부에서는 관찰될 수 없습니다. 외부의 고정된 관찰자가 보면 이 물체의 모든 과정이 느려지는 것처럼 보이기 때문에, 물체에서 방출되는 빛도 점점 파장이 길어지고 어두워져 결국 보이지 않게 됩니다.

아인슈타인의 특수 상대성 이론에 따르면, 빠르게 운동하는 시계의 시간은 느리게 갑니다. 2014년의 영화 〈인터스텔라〉는 블랙홀 근처에서 일어나는 이러한 현상을 보여 주었죠. 우주 비행사 쿠퍼(매튜 맥커너히)가 시간 여행을 할 수 있었던 것은 그 때문입니다.

블랙홀의 사건 지평선 안에는 실제로 어떤 것이 있을까 하는 문

| 동반성을 잡아먹는 블랙홀. 트림 같은 제트를 내뿜는다.

제는 여전히 뜨거운 논쟁거리가 되고 있습니다. 블랙홀 내부를 이해
하기 위해 끈 이론, 양자 중력 이론, 고리 양자중력, 거품 양자 등 현
대 물리학의 거의 모든 이론이 참여하고 있죠.

우리는 스스로 빛나는 별이다

내가 블랙홀 안으로
떨어진다면?

'블랙홀이 완전히 검지는 않다'

기존 고전 역학에서는 빛까지도 블랙홀의 중력장에서 벗어날 수 없다는 결론을 내렸지만, 양자역학으로 오면 사정이 좀 달라집니다. 블랙홀도 무언가 조금씩 내놓을 수 있다는 겁니다.

1970년대 영국의 물리학자 스티븐 호킹은 블랙홀이 양자 요동 quantum fluctuation으로 인해 무언가를 내놓는다는 것을 보여 주는 이론을 완성했습니다. 양자론에 따르면, 아무것도 없는 진공에서 난데없이 입자와 반입자로 이루어진 가상 입자 한 쌍이 나타날 수 있으며, 이 한 쌍은 매우 짧은 시간 존재하다 쌍소멸됩니다. 대부분의 상황에서 이들 입자 쌍은 관측하기 힘들 정도로 매우 빠르게 생겼다가 소멸하는데, 이를 양자 요동 또는 진공 요동이라고 합니다. 과학자들은 실제로 이 양자 요동의 존재를 실험적으로 확인했습니다.

이 양자 요동 가운데 하나가 블랙홀의 사건 지평선 근처에서 일어난다면, 한 쌍의 입자가 사건 지평선 근처에서 생겨날 때는 블랙홀의 강한 기조력 때문에 헤어지기 쉽습니다. 즉 두 입자 중 하나는 지평선을 가로질러 떨어지는 반면, 다른 하나는 밖으로 탈출하는 일이 발생할 수도 있답니다. 탈출한 입자는 블랙홀에서 에너지를 가지고 나간 것으로, 이 과정이 반복적으로 일어나면 외부의 관측자는 블랙홀에서 나오는 빛의 연속적인 흐름을 보게 됩니다.

호킹의 주장에 따르면, 이 같은 양자 요동 효과 때문에 블랙홀이 빛을 방출합니다. 이를 '블랙홀 증발'이라 하고, 이때 빠져나오는 빛을 '호킹 복사'라고 합니다. 그래서 호킹은 "블랙홀이 실제로는 완전히 검지 않다"는 말로 이 상황을 표현했습니다. 호킹의 이론대로 블랙홀이 계속 증발한다면, 수조 년 뒤에는 블랙홀 자체가 완전히 사라질 수도 있다는 얘기가 됩니다.

블랙홀에는 질량과 전하, 각 운동량 외에 아무런 정보도 얻을 수 없습니다. 그래서 흔히 "블랙홀에는 세 가닥 털밖에 없다"고 말하죠. 이처럼 인류는 아직까지 블랙홀에 대해 아는 것보다 모르는 것이 더 많습니다. 따라서 블랙홀은 새로운 사실이 밝혀질 때마다 일반의 관

우리는 스스로 빛나는 별이다

심을 고조시키며 21세기 천문학과 물리학에서도 여전히 화두가 될 것으로 보입니다.

블랙홀이 만드는 '가락국수'

블랙홀에 관해 사람들이 공통적으로 가장 궁금하게 여기는 것은 만약 내가 블랙홀 안으로 떨어진다면 어떻게 될까 하는 문제입니다. 일견 무시무시한 상상이긴 하지만, 이 문제는 변함없이 사람들의 가장 큰 관심사가 되고 있습니다.

가장 널리 알려진 이론이 바로 '스파케티화'입니다. 블랙홀 가까이 접근하자마자 모든 사물이 가락국수처럼 길게 늘어져 버린다는 얘기죠. 이유는 이렇습니다. 블랙홀의 가공스러운 중력이 당신 몸의 각 부분에 작용하면서 그 힘의 차이로 인해 몸이 길게 잡아 늘여지기 때문입니다.

지구에서는 중력의 크기가 당신의 지금 키만큼 유지되게 해주는 정도지만, 블랙홀 안으로 떨어지면 사정이 좀 달라집니다. 먼저 당신의 발이 블랙홀로 접근한다고 상상해 보세요. 그러면 블랙홀의 엄청난 조석력이 머리보다 발 쪽에 더 강하게 작용합니다. 발끝과 머리에 가해지는 중력의 차이는 이윽고 지구의 총중력과 동일하게 됩니다. 마치 두 대의 크레인이 당신의 머리와 발을 잡고 힘껏 끌어당기는 형국과 비슷한 상황입니다.

인체는 정상적인 힘을 받을 때 부러지지 않는 한 그렇게 많이 늘어나지 않습니다. 인간이 생존할 수 있는 최고 가속 기록은 지구 중력의 약 179배입니다. 그것도 아주 잠시, 충돌할 때의 수치일 뿐입니다. 따라서 블랙홀의 조석력은 인간에게 치명적입니다. 블랙홀 안으로 떨어진 모든 물체는 블랙홀 중심에 이르기 전 가락국수처럼 한정 없이 늘어지다가 마침내 낱낱의 원자 단위로 분해되고 말 겁니다. 이것이 바로 과학자들이 말하는 블랙홀의 '스파게티화 spaghettification' 현상입니다.

만약 블랙홀이 지구 턱밑에 불쑥 나타나 지구가 고스란히 블랙홀에 붙잡혀서 그 안으로 곤두박질친다면 그다음에는 무슨 일이 벌어질까요? 당연한 일이지만, 우리 몸이나 지구가 블랙홀 안으로 떨어지면 별로 차별 대우를 받지 않고, 즉각적으로 블랙홀의 강력한 조석력이 덤벼들어 공평한 스파게티 대접을 받게 됩니다. 블랙홀 쪽에 가까운 지구 부분은 상대적으로 더욱 강한 조석력을 받아 흙과 암석 스파게티가 될 것이고, 지구 행성 전체는 종말을 맞겠죠. 사람은 더 말할 것도 없고요

하지만 초질량 블랙홀이 사건 지평선 안으로 우리를 끌어들여 삼키기 직전 잠깐 동안 나타나는 광경을 우리는 볼 수 없을지도 모릅니다. 일단 사건 지평선 안으로 들어가면 빛 알갱이 하나도 바깥으로 탈출할 수 없으니까, 어떤 존재도 지구나 인간의 운명을 지켜

우리는 스스로 빛나는 별이다

볼 수조차 없습니다. 외롭겠지만, 인간과 지구는 스파게티가 되어 한정 없이 블랙홀의 중심, 특이점으로 떨어져 내릴 것입니다. 그것을 멈출 수 있는 존재는 우주 안 어디에도 없습니다. 하지만 지구와 인간이 블랙홀 안에서 낱낱이 분해되기까지 걸리는 시간이 겨우 10분의 1초밖에 안 된다는 사실이 조금 위안이 될지 모르겠네요.

블랙홀도 과체중을 싫어한다

한 가지 희소식이 더 있습니다. 블랙홀이 반드시 검기만 한 것은 아니란 사실이죠. 블랙홀이 주변 물질을 집어삼킬 때 나오는 에너지에 의해 형성되는 거대 발광체로서 퀘이사라는 것이 있는데, 우리말로는 '준성準星'이라고도 하며 지구에서 관측할 수 있는 가장 먼 거리에 있는 천체입니다.

퀘이사의 중심에는 태양 질량의 수십억 배나 되는 매우 무거운 블랙홀이 자리 잡고 있으며, 그 주위를 원반이 둘러싸고 있습니다. 원반의 물질은 회전하면서 블랙홀로 떨어질 때 물질의 중력 에너지가 빛 에너지로 바뀌면서 엄청난 빛이 나옵니다. 따라서 퀘이사는 아직 블랙홀의 사건 지평선 안으로 떨어지지 않은 것이죠.

블랙홀은 이렇게 주변의 물질을 닥치는 대로 집어삼켜 몸집을 불려 나갑니다. 지구와 당신이 만약 블랙홀 안으로 떨어진다면 블랙홀의 비만에 일조하는 셈이죠. 하지만 블랙홀이라고 무한정 몸집

| 현재까지 발견된 퀘이사 중 가장 멀리 있는 ULAS J1120+0641의 상상도. 태양의 20억 배 질량의 블랙홀에서 에너지를 얻어 빛난다.

을 불릴 수만은 없다는 사실이 얼마 전 밝혀졌습니다. 말하자면 한계 체중이 있다는 뜻이죠. 천문학자들의 계산서를 보면, 태양 질량의 500억 배까지 질량이 불어난 블랙홀은 더 이상 외부 물질을 끌어들이지 않고 성장을 멈추는 것으로 나와 있습니다. 블랙홀도 지나친 과체중을 싫어한다는 거죠. 우리 은하의 총질량은 태양 질량의 약 3천억 배로 추산되고 있습니다. 따라서 블랙홀의 한계 질량은 우리 은하 총질량의 6분의 1쯤 되는 셈이죠.

블랙홀이 은하 중심에서 하는 역할은 은하 전체를 회전시키는 일입니다. 블랙홀이 없으면 은하가 형성될 수 없다는 점을 생각하면 우리 존재와 괴이한 블랙홀의 관계도 참으로 밀접하다고 하겠습니다.

　　　　　　　　　　　　　　　　　우리는 스스로 빛나는 별이다

태양계 끝에 '행성 X'가 숨어 있다?
-제9행성, 언제 찾을 수 있나?

제9행성Planet Nine은 과연 존재할까? 존재한다면 언제 발견될 수 있을까?

제9행성에 대한 관심이 식을 줄 모르고 있다. 이에 대한 증거가 태양계 먼 변두리에서 계속 발견되고 있는 추세다. 특히 '고블린The Goblin(마귀)'으로 알려진 왜행성 2015 TG387의 최근 발견이 주목을 끌고 있다. 이 왜행성은 극단적으로 길쭉한 타원 궤도를 가지고 있는데, 이는 태양계 깊숙한 변두리에 있는 상당한 질량의 천체로부터 받는 중력 때문이라고 연구자들은 보고 있다.

"제9행성은 우리가 관찰한 모든 것에 대해 설명할 수 있는 유일한 답안으로 보인다"고 칼텍Caltech의 이론 천체물리학자 콘스탄틴 배티진은 말했다. 그는 2014년부터 시작된 제9행성 사냥의 주역이다. 그해에 천문학자인 차드 트루히요와 스콧 셰퍼드는 해왕성 궤도 훨씬 너머에 큰 질량의 왜행성이 있을 것으로 예측했다. 이 천체의 존재가 왜행성 세드나와 2012 VP113의 궤도에서 보이는 특이한 현상을 비롯해 몇몇 다른 천체들의 움직임을 설명할 수 있을 것이라

| 태양계 변두리에 숨어 있을 것으로 예측되는 제9행성 상상도. 해왕성보다 클 것으로 예상된다.

고 제안했다.

2016년 1월, 배티진과 칼텍의 동료 연구원 마이크 브라운은 이 가상 세계, 곧 제9행성에 대한 더 많은 증거를 제시했다. 그들은 또한 제9행성이 지구보다 10배나 더 크며, 평균 600천문단위^{AU} 거리의 궤도를 도는 것으로 예측했다. 괴상한 궤도를 가진 제9행성에 대한 추적은 꾸준히 계속되었다. 천문학자들이 이 미지의 행성이 행사하는 중력에 영향을 받는 천체를 14개까지 찾아냈다고 밝히는 배티진은 "제9행성의 존재에 대한 증거는 정말 확실하다"고 덧붙였다.

그렇다면 행성 X(제9행성)는 대체 어디에 숨어 있는 걸까? 배티진과 셰퍼드 팀은 지난 몇 년 동안 행성 X의 소재를 체계적으로 수배해 왔다. 두 팀은 하와이 마우나 케어 산꼭대기에 있는 일본의 스바루 망원경(구경 8미터)를 사용해 행성 X를 추적했다. 물론 행성 X의 탐색에 이들뿐 아니라 세계 다른 연구 그룹들도 뛰어들었다. 그러나 아직까지 그 소재가 밝혀지지 않은 것에 대해 셰퍼드는 그다지 놀라운 사실이 아니라는 입장을 내놓았다. 셰퍼드는 "우리는 행성 X가 비록 해왕성만큼 크다고 할지라도 수백 AU 공간 저쪽에 있다면

우리는 스스로 빛나는 별이다

대구경의 망원경으로도 보기 힘들 만큼 희미할 것"이라고 설명한다. 천문학자들은 천체의 질량, 밝기 또는 정확한 궤도를 알지 못하기 때문에 제9행성의 발견 시점을 예측하기 어렵다고 말한다.

배티진은 스바루가 과연 제9행성을 잡아낼 수 있을지에 대해 회의적이다. 스바루로 불가능하다 하더라도 행성 X 사냥꾼들에게는 하나의 희망이 남아 있다. 2020년대 초 칠레 안데스에 들어설 차세대 천체 망원경 LSST Large Synoptic Survey Telescope(대형 시놉틱 관측 망원경) 같은 강력한 장비의 도움을 받을 수 있기 때문이다.

"우리가 앞으로 5년 내에 그것을 찾지 못한다면, LSST가 제9행성을 찾아 줄 것"이라고 배티진은 기대하고 있다.

우주 음모론의 결정판, "아폴로 11호는 달에 가지 않았다!"
-10초 만에 '날조설'을 잠재우는 방법?

1969년에서 1972년까지 달에 발을 디딘 인류는 모두 12명이다. 인류가 지구상에 문명을 일구어 온 지가 6천 년 넘었지만, 달은 우리가 닿을 수 없는 곳에 존재하는 천체였다. 비록 지구에 가장 가까운 천체이긴 하지만, 20세기 초까지만 해도 거기에 갈 수 있으리라고 생각한 사람은 아무도 없었다.

그런데 미국의 아폴로 11호가 1969년 7월 20일 두 남자를 달에
내려놓았다. 미국 우주인 닐 암스트롱과 버즈 올드린이 그 주인공이
다. 달 지면에 발을 내려놓는 순간 암스트롱은 지구상의 인류를 향
해 "이것은 한 명의 인간에게 있어서는 작은 한 걸음이지만, 인류에
게 있어서는 위대한 도약이다"라는 유명한 멘트를 날렸다.

이 광경을 TV로 지켜본 사람의 수는 적어도 6천만 명에 이른다.
역사적으로 유명한 사건일수록 '음모론' 꼬리표가 길게 따라붙게 마
련이지만, 이 아폴로 11호의 달 착륙도 예외는 아니었다. 얼마 가지
않아 날조설과 가짜 뉴스라는 소문들이 떠돌기 시작하더니, 거대한
음모론이 자리를 잡아 가기 시작했다.

이 인화성 음모론에 기름을 끼얹은 것은 1974년에 출판된《우리
는 결코 달에 가지 않았다We Never Went to the Moon》는 책이었다. 윌리
엄 케이싱이라는 미국 작가가 자비로 출판하는 계열의 출판사에서
낸 이 책은 3만 부가 팔렸다고 한다. 이 작가는 아폴로 우주선 개발
에 참여한 로켓다인사의 전 직원이지만 기술직이 아니라 사무직이
었다고 한다. 이 날조설은 여전히 사라지지 않고 있으며, 한국에서
도 위세를 떨치고 있다. 특히 어린 청소년들 사이에서 더욱 기승을
떨친다는 반갑잖은 소식도 있다.

음모론에서 제기하는 날조의 근거는 사실 대단히 단순한 것들로

우리는 스스로 빛나는 별이다

서, 과학에 관해 약간의 지식만 있으면 한칼에 날려 버릴 수 있을 정도다. 대략 다음과 같다.

1. 달에는 공기가 없는데 사진에 찍힌 성조기가 펄럭이는 것은 가짜라는 증거 아닌가?

2. 달 표면에서 촬영된 사진인데, 하늘에 별이 찍혀 있지 않은 이유는 무엇인가?

3. 달 표면에 착륙선이 내려갈 때 분사의 반동으로 크게 팬 자국이 생길 텐데, 그것이 찍히지 않은 이유는 무엇인가?

이에 대한 정답은 각각 다음과 같다.

1. 달에는 공기가 없기 때문에 깃발이 축 처지는 것을 막기 위해 위쪽에 막대기를 달았다. 성조기 봉을 바닥에 꽂을 때의 충격이 만든 반동으로 깃발이 움직이는 것이다. 진공 상태에서는 공기의 저항이 없기 때문에, 한 번 움직이기 시작하면 좀처럼 멈추지 않는다.

2. 별이 찍히지 않은 것은 태양 빛을 받아 빛나는 달의 표면에 노출을 맞추었기 때문이다. 빛 공해가 심한 곳에서 밤하늘을 찍어 보면 별이 하나도 보이지 않는 것과 같은 이치다. 천체 사진을 찍을 때도 별에 노출을 맞춘다.

3. 착륙선이 내린 곳의 표면 토양은 단단하고, 착륙선은 스로틀을 사용해 천천히 착지하기 때문에 커다란 구덩이가 생길 정도의 충격을 가하지 않는다.

| 아폴로 11호 승무원이 달 표면에 꽂은 성조기. 위쪽에 수평 막대가 보인다. 달 표면에 노출을 맞춰 찍었기 때문에 하늘에 별이 보이지 않는다.

달 착륙 음모론을 깨부술 결정적 한 방은 구소련이 제공하고 있다. 음모론자들은 미국이 소련에 앞섰다는 것을 과시하기 위해 달 착륙을 날조했다는 것인데, 정작 경쟁 상대인 소련은 음모론에 한 번도 동조하지 않았다는 사실이다. 만약 아폴로의 달 착륙이 날조라면 소련의 과학 수준으로 볼 때 그것을 파탄 내기가 무척 손쉬울 것이다.

그럼에도 불구하고 아직도 음모론이 완전히 사라지지 않고 있는 것은 순전히 음모론에 휘둘리는 사람들의 무지한 소치라고 볼 수밖에 없다. 지식과 식견이 얕으면 늘 이런 음모론에 휘둘릴 수밖에 없다.

우리는 스스로 빛나는 별이다

5장

우주 탐사선을
따라서

경이가 없는 삶은 살 가치가 없다.

― 아브라함 헤셸(신학자)

우주의 당구공 치기, 중력 도움

공짜로 중력을 '슬쩍'하는 방법

2015년 7월, 역사적인 명왕성 근접 비행을 성공한 뉴호라이즌스의 비행 속도는 초속 20킬로미터(시속 7만 5,200킬로미터)였습니다. 이는 그때까지 인간이 만들어 낸 속도 중 최고 속도로, 총알 속도의 20배에 달하는 것입니다.

현재 인류가 가진 자원과 로켓으로 태양의 중력을 뿌리치고 나아갈 수 있는 한계는 목성 정도까지입니다. 그럼 뉴호라이즌스는 무슨 힘으로 명왕성까지 그처럼 빠른 속도로 날아갈 수 있었을까요? 답은 중력 도움gravity assist 입니다. 영어로는 스윙바이swing-by, 또는 플

우리는 스스로 빛나는 별이다

라이바이^{fly-by}라고도 하는데, 한마디로 '행성 궤도 근접 통과'로 행성의 중력을 슬쩍 훔쳐내는 일이죠.

그랜드피아노만 한 크기에 무게는 478킬로그램인 뉴호라이즌스가 발사될 때의 탈출속도는 지구 탈출 속도인 11.2킬로미터를 훨씬 넘는 초속 16.26킬로미터로, 지금까지 인간이 만들어 낸 물체 중 가장 빠르게 지구를 탈출한 것으로 기록되었습니다. 그런데 탐사선이 1년을 날아가 목성에 근접해서는 이 중력 도움 항법으로 초속 4킬로미터의 속도를 공짜로 얻었고, 이로 인해 명왕성으로 가는 시간을 약 3년 단축할 수 있었습니다.

내 엉덩이를 걷어차 다오

중력 도움을 간단히 설명하자면, 탐사선의 속도를 높이기 위해 천체의 중력을 이용한 슬링 숏^{slingshot}(새총쏘기) 기법으로, 행성의 중력을 이용해 우주선을 가속 또는 감속하는 기법입니다.

탐사선이 행성의 중력을 받아 미끄러지듯 가속을 얻으며 낙하하다 어느 지점에서 적절히 진행 각도를 바꾸면 그 가속을 보유한 채 새총알처럼 튕기듯이 탈출하게 됩니다. 행성의 각 운동량을 훔쳐서 달아나는 셈이죠. 말하자면 우주의 당구공 치기쯤 되는 기술입니다. 행성 입장에서 본다면 우주선의 엉덩이를 걷어차서 가속시키는 셈으로, 이론상으로는 행성 궤도 속도의 두 배에 이르는 속도까지 얻

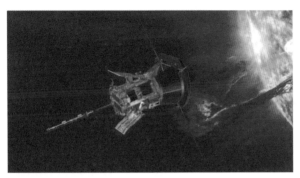

| 금성의 중력 도움으로 태양 궤도에 들어간 태양 탐사선 파커. 7년 동안 일곱 차례 금성의 중력 도움을 받으면서 태양 표면에서 610만 킬로미터까지 접근한다.

을 수 있습니다. 그 역도 가능하고요. 연료도 들지 않으니까 노다지인 셈이죠.

중력 도움을 받기 위해 우주선은 대상 천체에 대해 쌍곡선 궤적을 그릴 수 있는 조건으로 접근해야 합니다. 쌍곡선 궤적은 우주선이 어떤 행성(쌍곡선 궤적의 초점이 된다)의 중력권 내를 잠깐 비행하더라도 그 행성의 중력권에 잡히지 않는 궤도를 말합니다. 태양을 초점으로 공전하는 혜성들의 궤도가 대개 이 쌍곡선 궤적입니다. 혜성들은 거의 태양을 향해 쌍곡선을 그리며 가까이 다가왔다가 다시 멀어지는 형태의 궤적을 그립니다. 중력 도움을 받으려는 우주선의 상대 속도가 행성의 중력에 포획되지 않을 만큼 충분히 빠를 때 이런 식의 근접 비행이 가능합니다. 이 스윙바이 항법으로 우리는 한계선

우리는 스스로 빛나는 별이다

인 목성을 넘어 전 태양계를 탐험할 수 있게 된 것입니다.

중력 도움으로 목숨을 구한 이야기

중력 도움이란 기발한 아이디어를 처음으로 떠올린 사람은 20세기 초반 러시아의 이론물리학자 유리 콘드라트유크였고, 뒤에 미국의 수학자 마이클 미노비치가 더욱 섬세하게 가다듬었습니다.

중력 도움을 최초로 활용한 우주선은 러시아의 달 탐사선 루나 3호입니다. 1959년 달의 뒷면을 촬영하기 위해 발사된 루나 3호는 중력 도움으로 달의 뒷면을 돌면서 찍은 사진을 지구로 전송했습니다. 인류에게 달의 뒷면을 최초로 볼 수 있게 해준 루나 3호는 그 후 달에 추락해 고철 덩어리가 되었죠.

중력 도움으로 사람의 목숨을 건진 사례도 있습니다. 바로 아폴로 13호의 얘기입니다. 1970년 4월, 달 착륙을 목적으로 발사되었던 이 우주선은 지구로부터 32만 킬로미터 떨어진 달의 중력권에서 선체의 이상 진동으로 산소 탱크가 폭발해 사령선이 심각하게 파손되는 사고를 당했습니다. 세 명의 승무원은 사령선을 버리고 급히 달 착륙선으로 옮겨 탔습니다. 당연히 달 착륙 미션은 중단되었고, NASA 관제본부는 세 승무원을 귀환시킬 수 있는 유일한 방법은 달의 중력 도움으로 달 착륙선을 귀환 궤도에 올리는 수밖에 없다고 판단했습니다.

사령선의 엔진을 이용해 우주선을 지구로 돌리는 게 가장 간단한 방법이었지만, 폭발로 인해 엔진의 정상 가동을 장담할 수 없었죠. 만약 실패한다면 승무원들은 영원히 우주의 미아가 되고 말 절체절명의 상황이었습니다.

달의 중력 도움도 결코 만만한 방법은 아니었습니다. 달 착륙선의 엔진을 이용해 달의 뒤편으로 돌아간 다음 정확한 침로를 잡으면 지구로의 귀환 궤도에 오를 수 있지만, 약간의 오차만 나더라도 궤도 수정을 할 수 없기 때문에 지구와 엉뚱한 방향으로 가버릴 위험이 있습니다. 참으로 목숨을 걸고 하는 도박이었죠. 관제 센터는 우주선의 궤도에 영향을 주지 않기 위해 우주선 바깥으로 소변을 투기하는 것까지 금지했습니다. 이 명령이 소변 금지인 줄 착각하는 바람에 소변을 참았던 한 승무원은 요로감염에 걸렸답니다.

귀환 직전, 사고 분석을 위해 사진을 찍을 수 있도록 기계선을 떼어 내고 보니 산소 탱크와 수소 탱크를 가리고 있던 커버가 전부 없어진 사실을 발견하고 승무원들은 또 한 번 가슴을 쓸어내렸습니다. 자칫했으면 세 승무원을 실은 사령선 전체가 우주로 날아가 버릴 수도 있었던 것입니다.

승무원들은 손에 땀을 쥐게 하는 정밀 기동으로 달의 중력 도움을 받은 끝에 무사히 귀환 궤도에 올랐습니다. 그들이 지구 상공에 모습을 드러낼 때까지 세계는 숨을 죽이고 사태의 진행을 지켜보았

| 구조된 아폴로 13호 승무원 캡슐. 해군 구조원이 승무원들을 구조하고 있다.

습니다. 이윽고 착륙선 아쿠아리우스를 떼어낸 후, 사령선 오디세이가 무사히 태평양에 착수했을 때 세계는 환호성을 올렸죠. 살아서 돌아올 확률이 지극히 낮았음에도 달의 중력 도움을 받은 끝에 무사히 귀환할 수 있었던 것입니다. 만약 착륙선을 떼어낸 후에 폭발이 일어났으면 승무원들의 생환 확률은 제로였겠죠.

중력 도움 항법을 발견하지 못했다면 승무원들은 영원히 지구로 돌아오지 못했을 겁니다. 아폴로 13호의 사고에 관한 내용은 1995년 '아폴로 13'이라는 제목으로 영화화되었습니다.

태양계를 누비는 힘 '스윙바이'

중력 도움이라는 아이디어가 없었다면 목성 너머의 태양계는 우리에게 그림의 떡이었을 겁니다. 목성에 갈릴레오호를, 토성에 카시니호를, 그리고 해왕성과 그 너머까지 보이저 1, 2호를 보낼 수 있게 된 것도 모두 중력 도움 덕분이었죠.

연료를 별로 사용하지 않고도 비교적 빨리 목적지에 도착할 수 있기 때문에 현재 거의 모든 탐사선이 다른 행성 궤도에 진입하는 스윙바이 항법을 택합니다. 스윙바이를 활용해 처음으로 토성에 다다른 탐사선은 1973년 발사된 파이어니어 11호였고, 태양계 바깥쪽의 거대 행성인 목성, 토성, 천왕성, 해왕성을 탐사하기 위해 발사된 보이저 1, 2호는 처음부터 중력 도움을 사용하도록 설계된 탐사선이었습니다.

1989년 미국 케네디 우주센터에서 발사된 목성 탐사선 갈릴레오는 자체 추진력으로만으로는 도저히 목성까지 갈 수가 없어 '여비'를 금성과 지구로부터 훔쳤습니다. 갈릴레오는 발사 4개월 정도 뒤 금성으로부터 2.2km/s, 다시 10개월 후 지구로부터 5.2km/s, 다시 2년 후 지구로부터 3.7km/s의 속도를 각각 훔쳐 냈는데, 세 차례에 걸쳐 훔쳐 낸 속도 증가분은 무려 11.1km/s나 되었죠.

갈릴레오가 지구로부터 두 차례 훔쳐낸 속도 증가분의 합은 8.9km/s나 됩니다. 지구는 그만큼 갈릴레오에게 각 속도량을 빼앗

우리는 스스로 빛나는 별이다

긴 셈이죠. 하지만 그래 봤자 갈릴레오의 질량 2,380킬로그램은 지구 질량에 비하면 거의 0에 가깝기 때문에 지구는 공전 속도가 1억 년 동안 1.2센티미터쯤 늦춰지는 데 지나지 않습니다.

| 목성을 탐사하는 갈릴레오. 8년 동안 목성 궤도를 돌면서 눈부신 전과를 올린 후, 2003년 9월 21일에 최후를 맞았다.

어쨌든 중력 도움의 힘으로 6년여 만인 1995년 12월 목성 궤도에 도착한 갈릴레오는 목성의 대기권과 그 주변, 특히 목성의 네 위성인 에우로파, 칼리스토, 이오, 가니메데의 탐사를 비롯해, 싣고 간 원추 모양의 탐사선을 목성의 구름 사이로 투하해 목성 대기의 온도, 기압, 화학 조성 등을 보고하는 등 8년 동안 목성 궤도를 돌면서 혁혁한 전과를 올린 후, 2003년 9월 21일 최후를 맞았습니다.

오랜 여행으로 노후화된 갈릴레오는 제어용 로켓 연료가 떨어져 더 이상 운항이 불가능해졌습니다. 그 상태대로 궤도를 떠돌게 놔둔다면 연료로 쓰던 플로토늄을 가진 채 에우로파에 떨어져 그곳 바다를 방사능으로 오염시키고 혹시 있을지도 모를 생명체를 죽일지도 모른다고 판단한 NASA는 갈릴레오에게 목성과의 충돌을 명령했습니다.

갈릴레오는 관제소의 마지막 명령에 따라 고도 9천 킬로미터에서 목성과의 충돌 항로로 방향을 틀었고, 마지막으로 우주와 목성 대기권 사이에 있는 외기권의 성분 분석을 보고한 후 목성의 구름 속으로 모습을 감추었죠. 그리고 얼마 후 파괴되어 그 원자들을 목성의 바람 속으로 흩뿌렸습니다. NASA의 한 과학자가 마치 친구의 임종을 지켜보는 듯한 말투로 이렇게 읊조렸죠.

"갈릴레오가 탐사선과 재결합했습니다. 이제 둘 모두 목성의 일부가 되었습니다."

우리는 스스로 빛나는 별이다

인공물로 처음
성간 공간에 진출한
보이저

성간 공간으로 진출한 보이저

사람이 만든 물건으로 가장 멀리 날아간 기록을 세운 것은 보이저 1호입니다. 총알 속도의 17배인 초속 17킬로미터의 속도로 날아가는 보이저 1호 역시 중력 도움을 받은 탐사선입니다.

보이저 1, 2호가 지구를 떠날 때 공급받은 연료는 목성까지 갈 수 있는 분량뿐이었습니다. 목성 너머까지 가는 에너지는 목성의 중력 도움으로 자체 조달하라는 뜻이었죠. 만약 목성이 탐사선의 엉덩이를 걷어차 주지 않는다면, 보이저는 지구와 목성 사이의 타원형 궤도에 갇혀 영원히 뱅뱅이 도는 신세를 면치 못했겠지요.

그러나 당시 최신 기술이던 중력 도움을 사용하도록 설계된 보이저 1호는 목성의 중력 도움으로 초속 17킬로미터까지 속도를 끌어 올렸습니다. 보이저가 목성의 중력을 훔쳐 추진력을 얻을 때, 목성은 그만큼 에너지를 빼앗기는 셈이지만, 그것은 50억 년에 공전 속도가 1밀리미터 정도 뒤처지는 것에 지나지 않습니다.

　본래 태양계 바깥쪽의 거대 행성인 목성, 토성, 천왕성, 해왕성을 탐사하기 위해 1977년 9월 지구를 떠난 이래 지금까지 40년 넘게 운행을 계속하고 있는 보이저 1호는 출발 35년 만인 2012년 8월로 태양계를 벗어나 성간 공간으로 진입한 유일한 우주선이 되었습니다.

　2019년 1월 현재 보이저 1호는 지구로부터 약 216억 킬로미터 떨어진 우주 공간을 날고 있습니다. 이 거리는 지구와 태양 간 거리의 145배(145AU)나 되며, 초속 30만 킬로미터의 빛이 달리더라도 꼬박 20시간이 걸리는 아득한 거리입니다. 거기에서 보이는 태양은 여느 별과 다름없는 흐릿한 별 하나에 지나지 않을 것입니다. 총알 속도의 17배인 초속 17킬로미터 속도로 날아가고 있는 722킬로그램짜리 인간의 피조물인 보이저 1호는 인간이 만든 물건으로는 가장 우주 멀리 날아간 기록을 세우는 중이죠.

　일명 '행성 간 대여행'이라 불리는 행성의 배치가 행성 간 탐사선 개발에 영향을 주었는데, 이 행성 간 대여행은 연속적인 중력 도움을 활용함으로써, 한 탐사선이 궤도 수정을 위한 최소한의 연료만으

　　　　　　　　　　　　우리는 스스로 빛나는 별이다

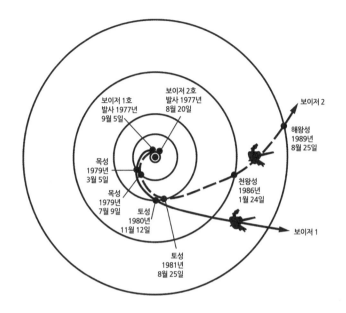

| 보이저 1, 2호의 스윙바이와 행성 탐사 경로. 중력 도움을 위해 몇백 년 만에 이루어진 직선상 행성 배열을 이용했다.

로 화성 바깥쪽의 모든 행성(목성, 토성, 천왕성, 해왕성)을 탐사할 수 있었습니다.

이 항법을 활용하기 위해 보이저는 행성들이 직선상 배열을 이루는 드문 기회(몇백 년에 한 번꼴)를 이용했는데, 목성의 중력이 보이저를 토성으로 내던지고, 토성은 천왕성으로, 천왕성은 해왕성으로, 그다음은 태양계 밖으로 차례로 내던지게 되는 것입니다. 이렇게 우주의 당구치기를 하면서 날아갈 보이저 1호와 2호는 발사 시점도 대여행이 가능하도록 맞춰졌습니다.

1호는 2호보다 한 달 늦게 발사됐지만, 지름길 궤도를 설계해, 발사 18개월 뒤 2호를 앞지르고, 1979년 3월 5일 2호보다 4개월 먼저 목성을 통과하면서 목성과 그 위성에 대한 중요한 발견들을 했는데, 그중에서도 가장 놀라운 발견은 목성 이오의 화산 활동을 최초로 밝힌 것입니다. 이어서 1980년 11월 12일 토성에 접근해 토성 고리의 복잡한 구조를 밝혔고, 토성과 타이탄의 대기를 조사하는 등 많은 데이터와 사진을 전송한 뒤 1989년 임무를 마무리했습니다.

바다에 띄워 보낸 '병 속 편지'

지난 40여 년간 보이저 1호가 보내온 각종 영상과 데이터는 태양계에 대한 인간의 인식을 크게 넓혀 주었습니다. 1990년에는 최초로 완벽한 태양계 가족사진을 촬영했습니다. 지구에서 60억 킬로미터 떨어진 명왕성 궤도 부근에서 찍어 보낸 그 유명한 지구 사진, 흑암의 무한 공간 속에 한 점 먼지처럼 부유하는 '창백한 푸른 점'도 보이저 1호의 작품입니다.

인간의 모든 신화와 문명에서 절대적 중심이었던 태양의 영향권으로부터 최초로 벗어나 호수와도 같이 고요한 성간 공간을 주행하고 있는 722킬로그램짜리 인간의 피조물인 보이저 1호의 몸통에는 이색적인 물건 하나가 부착되어 있습니다. 지구를 소개하는 인사말

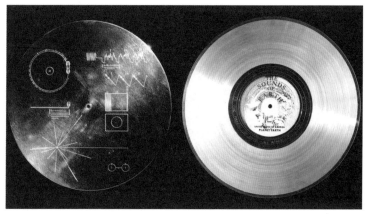

| 골든 레코드 앞면과 뒷면. 외계인에게 보내는 지구의 소식과 인사를 담았다.

과 영상, 음악 등을 담은 골든 레코드가 바로 그것이죠. 여기에는 한국말 인사도 포함되어 있습니다. 이 레코드의 수명은 약 10억 년으로, 만약 그전에 어떤 외계인이 이것을 수거해 해독할 때도 인류가 여전히 지구상에 살고 있을는지는 알 수 없는 일이죠.

　보이저 1호는 목성의 중력 도움을 받은 덕분에 지금 이 순간에도 인간이 가본 적 없는 미지의 세계를 향해 용맹정진하고 있습니다. 2025년이면 전력이 바닥나 지구와의 교신이 끊어지고 보이저는 침묵의 척후병이 되겠지만, 앞으로 4만 년 정도 더 날아가면 1.5광년, 15조 킬로미터를 주파해 기린자리의 어느 이름 없는 별 옆을 지날 것입니다. 기린자리는 큰곰자리와 카시오페이아자리 사이에 있는 봄철 별자리입니다. 밤하늘을 볼 때 나는 저절로 그쪽을 유심히

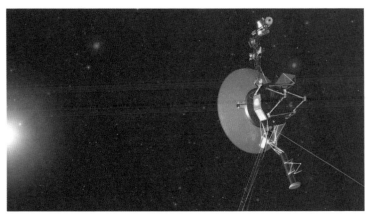

| 40년 넘게 날아 2012년 인간의 피조물로는 최초로 성간 공간으로 진출한 보이저 1호. 몸체에 골든 디스크가 붙어 있다. 4만 년 정도 더 날아가면 기린자리의 한 이름 없는 별 옆을 지나게 된다.

보게 됩니다. 혹시 날아가고 있는 보이저 1호가 보일까 싶어서요. 하하.

보이저 1호가 성간 공간으로 진출한 지 6년 만에 보이저 2호 역시 2018년 12월 전임자인 1호를 따라 비록 공전 궤도면 반대 방향이지만 태양계를 넘어 성간 공간으로 진입했습니다.

40년 넘게 우리 태양계를 누비며 탐사를 수행한 보이저 2호는 눈부신 업적들을 쌓았는데, 그중 가장 빛나는 것은 인간이 만든 피조물로는 유일하게 해왕성과 천왕성을 방문해 탐사 작업을 수행했다는 점입니다. 따라서 보이저 2호는 목성, 토성, 천왕성, 해왕성 등 네 개의 거대 가스 행성을 모두 방문한 유일한 우주선으로, 해왕성

우리는 스스로 빛나는 별이다

의 신비한 대암점과 목성의 위성 유로파의 얼음 표층 균열 같은 현상을 비롯해 16개에 이르는 위성들을 새로 발견했을 뿐만 아니라, 각 행성들에서 새로운 고리들을 발견해 내는 성과들을 올렸습니다.

인간이 만든 피조물로 두 번째로 태양의 영향으로부터 영원히 벗어난 보이저 2호는 우리가 느끼는 흥분과 무관하게 앞으로도 캄캄한 성간 공간을 항해하며 에너지를 공급해 주는 플루토늄 방사성 동위원소 발전기가 멈추는 2025년까지 지구로 계속 데이터를 보내 줄 것입니다. 진정한 이별은 그때 이루어지겠죠.

2019년 4월 현재 보이저 2호의 위치는 지구로부터 180억 킬로미터, 지구-태양 간 거리의 120배(120AU) 지점이며, 보이저 2호가 전송한 정보가 지구에 도달하는 데는 16시간 이상 걸립니다. 보이저는 29만 6천 년 후 지구로부터 8.6광년 떨어진, 밤하늘에서 가장 밝은 별인 큰개자리의 시리우스 옆을 지나갈 예정이지만, 그 후로도 '항해자'라는 그 이름에 걸맞게 영원히 우리 은하를 떠돌며 항해를 계속할 것입니다.

카시니의 장대한
'토성 미션'

카시니호, 토성 대기권에서 '산화'

13년 동안 토성 둘레를 맴돌며 탐사 미션을 수행한 NASA의 카시니가 연료가 바닥남에 따라 2017년 9월 15일 오후 8시 32분(한국 시간) 토성 대기권에서 최후를 맞았습니다. 스쿨버스 크기에 무게 5.8톤의 카시니가 토성 대기 속에서 유성처럼 불타면서 산화하는 데는 1분이 채 걸리지 않았습니다. 카시니의 최후가 지구에 알려진 것은 그로부터 83분 뒤였습니다. 카시니가 마지막으로 보낸 전파 신호가 토성에서 지구까지 16억킬로미터를 달려오는 데 83분이 걸리기 때문이죠.

우리는 스스로 빛나는 별이다

| 토성을 탐사하는 카시니. 지구를 떠난 지 20년, 토성 궤도에 진입한 지 13년 만에 장대한 토성 미션을 끝내고 토성 대기권에서 산화했다.

발사된 것이 1997년 10월 15일이니까, 지구를 떠난 지 20년, 토성 궤도에 진입한 지 13년 만에 20년에 걸친 장대한 토성 미션을 끝낸 카시니는 이처럼 토성 대기권에서 산화함으로써 토성의 일부가 되었습니다.

NASA가 카시니를 충돌 코스로 틀어 토성 대기권에서 불태운 데는 그럴 만한 이유가 있습니다. 연료가 떨어진 카시니를 토성 궤도에 방치해 둔다면 언제 어디로 추락할지 알 수 없으며, 그럴 경우 카시니에 묻어 있을지도 모르는 지구 미생물이나 원자력 전지의 플루토늄 방사성 물질 등이 토성계를 오염시킬 가능성이 있기 때문입니다.

카시니의 탐사 결과, 토성 위성 엔셀라두스는 지하에 거대한 바다를 갖고 있다는 사실이 발견되었으며, 최대 위성 타이탄의 지표에 메탄 호수와 바다가 펼쳐져 있는 것도 발견했습니다. 우주 생물학자들은 이러한 곳에 생명체가 살고 있을 가능성이 높다고 보았으며, NASA는 위성들의 생태계 보호를 위해 카시니를 토성 대기권에서 불태움으로써 20년 미션을 매조졌던 것입니다. 2003년 9월 21일, 8년 동안 목성 궤도를 돌면서 미션을 수행한 NASA의 갈릴레오 탐사선이 목성과의 충돌로 최후를 맞은 것도 같은 이유입니다.

토성, 천문학자를 가장 많이 배출한 행성

태양계에서 가장 멋쟁이가 토성이라는 데 토를 달 사람은 없을 겁니다. 토성만큼 아름다운 고리를 두르고 있는 천체는 달리 없기 때문이죠. 실제로 밤하늘의 토성을 망원경으로 본 후 천문학을 전공하게 됐다느니, 별지기 세계에 입문했다느니 하는 말들을 흔히 듣습니다. 그래서 천문학 동네에서는 천문학자를 가장 많이 배출한 대학은 토성 대학이라는 우스갯소리도 있죠.

예로부터 많은 사람의 사랑과 동경을 받아 온 토성은 태양계의 여섯 번째 행성으로, 우리가 맨눈으로 볼 수 있는 마지막 행성입니다. 18세기 말 영국의 윌리엄 허셜이 망원경으로 천왕성을 발견하기 전까지 수천 년 동안 인류는 토성까지가 태양계의 전부라고 굳게

우리는 스스로 빛나는 별이다

믿었습니다.

토성의 고리를 맨 처음 발견한 사람은 17세기 이탈리아 천문학자 갈릴레오 갈릴레이(1564~1642)입니다. 1610년, 그는 직접 만든 조그만 굴절 망원경으로 토성 고리를 처음 보았는데, 워낙 배율이 낮아 선명한 고리 형태는 못 보고 삐죽한 고리 양끝만 보고는, "토성의 양쪽에 귀 모양의 괴상한 물체가 달려 있다"고 표현했죠. 토성의 공전으로 지구에서 보이는 방향이 변함에 따라 1612년에는 고리가 보이지 않다가 이듬해에 다시 나타나 갈릴레오를 괴롭혔습니다. 결국 갈릴레오는 죽을 때까지 이 수수께끼를 풀지 못했습니다.

갈릴레오를 괴롭혔던 토성 고리의 수수께끼는 약 50년 뒤 네덜란드의 천문학자 크리스티안 하위헌스(1629~1695)에 의해 풀렸습니다. 1655년, 하위헌스(호이겐스로도 불림)는 50배율의 망원경으로 토성 고리를 관측한 끝에 이렇게 썼습니다. "토성은 황도 쪽으로 기운 납작하고 얇은 고리로 둘러싸여 있고, 그 고리는 어디에도 닿아 있지 않다."

토성의 고리가 하나가 아니라 여러 개의 집합이라는 사실은 1675년, 이탈리아 출신의 프랑스 천문학자 조반니 카시니가 밝혀냈습니다. 그는 또 큰 망원경으로 A고리와 B고리 사이의 큰 틈새를 찾아냈는데, 오늘날 카시니 틈(간극)이라 부르는 거죠. 그 벌어진 간격의 폭이 수천 킬로미터라, 틈이라고 부르기엔 좀 어울리지 않지만

| 카시니호가 2013년 7월, 토성 뒤쪽에서 고리 아래로 고향 지구를 향해 찍은 사진이다. 거리는 약 1억 4천만 킬로미터로, 딱 지구—태양 간 거리다.

요. 카시니 틈은 별지기의 작은 망원경으로도 잘 보입니다.

토성의 진면목을 한번 살펴보면, 목성과 마찬가지로 가스 행성인 토성은 태양계 행성 중 목성 다음으로 크며, 지름은 지구의 9.5배, 질량은 약 95배나 되는 덩치를 자랑합니다. 그런데 밀도는 물보다 낮은 0.7로, 태양계에서 가장 낮습니다. 그래서 큰 물웅덩이에 토성을 던진다면 물 위에 둥둥 뜰 겁니다. 토성이 이처럼 가벼운 것은 거의 수소와 헬륨으로 이루어져 있기 때문이죠.

토성 가족도 목성에 버금가는 대가족입니다. 지금껏 알려진 위성의 수만도 63개가 넘습니다. 그중에서 가장 큰 위성은 타이탄이고요.

우리는 스스로 빛나는 별이다

토성 중력의 춤이 만든 고리

토성의 고리는 대체 무엇으로 이루어진 것일까요? 이 의문에 대한 대략적인 해답은 카시니로부터 약 2세기 후 영국의 물리학자가 찾아냈습니다. 1859년, 제임스 맥스웰(1831~1879)은 고리가 고체로 되어 있지 않으며, 모두 독립적으로 토성을 공전하는 작은 입자들로 구성돼야 그런 형태를 유지할 수 있다는 사실을 수학적으로 증명하는 데 성공했습니다. 참고로, 맥스웰은 1864년, 맥스웰 방정식으로 빛이 전자기파의 일종이라는 놀라운 사실을 밝혀내 과학사에 불멸의 이름을 남겼습니다.

토성 중력이 추는 춤사위라고 할 수 있는 토성 고리계는 별과 은하의 탄생에 관한 이야기를 들려주는 것이기도 합니다. 46억 년 전 원시 태양계도 저런 고리 모양의 회전 원반에서 태어났으며, 지금도 어린 별 주위에서 발견되는 원시행성 원반 역시 토성 고리 형태와 흡사하죠. 이처럼 토성 고리는 오랜 태양계의 과거를 자신의 온몸으로 보여주는 존재입니다.

1980년, 1981년, 보이저 1, 2호의 토성 근접 비행으로 토성 고리를 자세히 관측해본 결과, 토성 고리가 수천 개의 작은 고리로 이루어졌음이 밝혀졌습니다. 그중에는 폭이 몇 킬로미터밖에 되지 않는 얇은 고리도 있습니다. 지름 수십만 킬로미터의 고리 두께가 고작 20미터에 지나지 않는다는 것은 얇은 포장지가 거대한 축구장

| 토성 고리의 변화. 토성은 지구처럼 자전축이 기울어져 있어 지구에서 볼 때 시간에 따라 고리의 모양이 변한다. 허블 우주망원경이 1996년(왼쪽)부터 2000년까지 고리의 변화 모습을 추적한 것이다.

크기로 펼쳐져 있는 것이나 같죠. 중력이 부리는 묘기가 아닐 수 없습니다. 토성 고리는 태양계에서 가장 얇은 천체인 셈이죠.

사진을 보면, 수많은 얇은 고리로 이루어진 토성의 고리는 납작한 레코드판 모양을 하고 있습니다. 고리들은 적도 면에 나란히 자리 잡고 있으며, 적도 상공 6,630킬로미터에서 12만 700킬로미터까지 뻗어 있습니다. 따라서 고리의 너비는 무려 11만 킬로미터가 넘습니다. 토성의 적도 반지름이 약 6만 킬로미터니까, 이 거대한 우

우리는 스스로 빛나는 별이다

주의 레코드판의 지름은 무려 36만 킬로미터로, 지구-달까지 거리와 맞먹는 엄청난 스케일입니다.

최신 관측에 따르면, 고리의 총질량은 약 10^{20}킬로그램일 것으로 추정되는데, 이는 지구 바닷물의 10분의 1 정도 되는 양입니다.

카시니-하위헌스, 우주의 '스위스 군용 칼'

카시니호가 지구를 떠날 때의 이름은 카시니-하위헌스로, 크게 NASA의 카시니 궤도선과 ESA(유럽우주국)의 하위헌스 탐사선으로 이루어져 있었습니다.

카시니는 프랑스 천문학자 조반니 카시니의 이름에서 따왔고, 하위헌스는 네덜란드의 천문학자이자 물리학자인 크리스티안 하위헌스의 이름에서 따왔습니다. 두 사람 모두 토성 관측에 큰 업적을 남긴 과학자이기에 탐사선이 헌정된 거죠.

모두 32억 6천만 달러(한화 약 3조 7천억 원)가 투입된 대규모 프로젝트인 카시니-하위헌스에는 무려 18가지 탐사 장비가 탑재되었는데, 카시니에 12개, 하위헌스에 6개 실렸습니다. 카시니 탐사선이 '스위스 군용 칼'이란 별명으로 불리는 것은 이런 다목적용이기 때문이죠.

1997년 10월 15일, 야심 찬 카시니-하위헌스가 타이탄 IV 로켓에 실려 지구 행성을 박차고 우주로 날아 올랐습니다. 그러나 일직선으로 토성을 향해 날아간 것은 아닙니다. 토성이 지구와 가장 가까울 때는 9AU(약 13억 킬로미터) 거리지만, 카시니는 약 2.5배나 되는 34억 킬로미터를 꾸불꾸불 날아가야 했습니다. 문제는 로켓의 힘이었죠. 최고 성능의 로켓으로 쏘아 올려도 토성까지 일직선으로 가기에는 역부족입니다. 태양의 중력이 뒤쪽에서 끊임없이 우주선을 끌어당기기 때문이죠. 그래서 카시니도 중력 도움을 이용했습니다.

카시니-하위헌스는 지구를 출발해 금성을 두 번 근접비행해 중력 도움을 받은 뒤, 이어 지구 궤도를 지나면서 또 중력 도움으로 초속 5.5킬로미터의 추진력을 얻어 목성으로 날아갔습니다. 그리고 다시 목성의 중력 도움으로 초속 6.7킬로미터까지 가속한 뒤, 발사된 지 6년 8개월여 만인 2004년 7월 1일 토성 궤도에 진입했습니다. 총비행거리는 지구-토성 간 평균 거리의 2.5배에 달하는 34억 킬로미터였습니다. 카시니는 토성 주위를 공전하는 탐사선으로는 최초이며, 토성을 방문한 우주선으로는 네 번째입니다.

카시니가 목성에 들렀을 때 의미 있는 과학 실험을 하나 했는데, 바로 아인슈타인의 일반 상대성 이론을 검증한 것입니다. 아인슈타인은 거대 질량체가 주변 시공간을 왜곡시켜 빛(전자기파)의 경로를 휘게 한다고 주장했습니다. 카시니가 태양 근처를 지나는 전파를 쏘아 지구로 보낸 결과, 다른 경로로 보낸 전파보다 지연되는 것이 확인되었습니다. 일반 상대성 이론의 예측 값과는 오차 범위 5만분의 1

우리는 스스로 빛나는 별이다

내로 맞아떨어지는 값이었습니다. 이 검증에서도 역시 아인슈타인은 승리를 거둔 것입니다.

카시니 미션의 백미, 타이탄 착륙

13년 동안 토성 주위를 맴돌면서 계속된 카시니 미션에서 가장 감동적인 대목은 미션 초반에 있었던 하위헌스 탐사체의 타이탄 착륙입니다.

타이탄은 목성의 가니메데 다음으로 태양계에서 두 번째로 큰 위성일 뿐 아니라, 가장 복잡하고 신비로운 천체이기도 하죠. 1655년 하위헌스가 처음 발견한 타이탄은 태양계 위성으로 유일하게 대기를 가지고 있다는 점이 특징입니다. 그것도 지구의 1.5배나 진한 대기죠. 대기는 질소가 주성분이고, 메탄도 섞여 있는 두꺼운 오렌지색으로 타이탄을 완전히 둘러싸고 있어 내부를 들여다볼 수 없습니다. 지름이 5,150킬로미터로 지구의 반도 안 되는 위성에 이렇게 두꺼운 대기가 존재한다는 게 수수께끼였습니다.

이 수수께끼는 토성에 처음 접근한 파이어니어 11호가 풀었습니다. 1979년, 파이어니어는 토성과 위성들의 사진을 찍었는데, 그때 타이탄의 온도를 측정했습니다. 무려 영하 180도였죠. 이렇게 차갑기 때문에 대기를 붙잡아 둘 수 있었던 것입니다.

본체에서 분리된 중량 320킬로그램의 하위헌스는 2005년 1월

| 타이탄에 착륙하는 하위헌스의 연속 장면 상상화. 오른쪽에 착륙한 탐사체가 보인다.

14일 타이탄 표면에 연착륙했습니다. 이는 외부 태양계의 천체에 최초로 성공한 연착륙이었죠. 하위헌스는 하강하면서 타이탄 지표의 광경을 지구로 전송해 준 데 이어 배터리가 방전되기까지 두 시간 반 동안 350컷의 이미지와 타이탄 대기 성분 데이터를 카시니로 보냈으며, 카시니는 이것을 다시 지구로 중계했습니다. 하위헌스의 타이탄 탐사는 카시니 미션 중에서도 백미로, 지구의 달 이외의 위성에 대한 최초의 기념비적인 탐사로 기록되었습니다.

한편, 궤도 진입 후 수명이 4년 정도로 예상되었던 카시니호는 2008년 핵심 미션을 마무리한 뒤에도 세 배가 넘는 13년 동안 토성

우리는 스스로 빛나는 별이다

궤도를 294회 선회하면서 탐사를 계속하는 연장근무에 들어갔습니다. 토성은 지구 시간으로 29년에 태양 둘레를 한 바퀴 돕니다. 카시니 미션이 13년 동안 지속되었다는 것은 거의 토성의 반년에 이르렀다는 뜻이죠.

카시니가 밝혀낸 토성의 비밀들

13년에 걸친 카시니-하위헌스의 장대한 토성 대탐사는 토성 탐사의 역사를 다시 써야 할 정도로 엄청난 발견들을 이끌어 냈습니다. 한 행성계의 전모를 카시니만큼 세밀하게 파악해 낸 탐사선은 역사상 없었습니다.

카시니는 13년 동안 토성 궤도를 돌면서 토성 구름층 상층부에 발생하는 폭풍과 기묘한 띠 모양의 토성 대기, 구름에 가려진 토성의 표면을 탐사했으며, 10개가 넘는 토성 위성을 비롯해, 토성 지름의 8배나 되는 고리의 구조와 성분들을 세밀하게 관측했습니다.

카시니가 들여다본 토성계는 한마디로 놀라웠습니다. 2004년 카시니가 토성에 도착한 이래, 인류는 최초로 토성의 계절 변화를 볼 수 있었고, 또한 토성을 두르고 있는 장대한 고리들이 무수한 얼음 알갱이들로 이루어져 있으며 이들이 토성과의 상호 중력으로 인해 충돌과 합체를 반복하면서 고리들을 유지하고 있다는 사실도 밝혀냈죠.

| 타이탄의 바다. 카시니가 보내온 이 근적외선 컬러 모자이크 사진은 타이탄의 북극해가 태양 광선을 반사하는 광경이다.

토성의 최대 위성인 타이탄에 바다가 있다는 직접적인 증거가 나온 것은 2014년 토성 탐사선 카시니가 찍은 한 장의 사진에서였습니다. 타이탄의 북쪽 한 부분이 태양 빛을 받아 눈부시게 반사하는 이미지가 잡혀 있었습니다. 다른 세계의 바다가 태양 광선을 받아 반짝이는 풍경을 인류가 본 것은 이것이 최초였습니다.

카시니는 또 간헐천의 물줄기가 솟구치는 엔셀라두스의 상공을 날면서 그 얼음 지각 아래 거대한 바다가 숨어 있는 것을 발견하는 쾌거를 올리기도 했습니다. 지구 이외의 천체에서 발견된 바다로는 목성 위성인 유로파의 바다에 이어 두 번째인 셈이죠.

타이탄과 엔셀라두스의 이 같은 상황은 카시니를 보내지 않았다면 결코 알 수 없는 것으로, 어쩌면 이 두 위성에 생명체가 서식하고 있을지 모른다는 조심스러운 예측이 과학자들 사이에서 나왔습니다.

그랜드 피날레, 토성 고리 사이로 다이빙하라!

발사 이후 20년 동안 지구-태양 간 거리의 50배 넘는 79억 킬

우리는 스스로 빛나는 별이다

로미터를 여행하면서 토성계를 누비던 카시니에 마침내 최후의 순간이 찾아왔습니다. 2017년 초에 이르자 연료가 바닥을 보임에 따라 더 이상의 연장근무가 불가능하게 되었죠.

NASA 관제실에서 마지막으로 카시니에게 지시한 미션은 '그랜드 피날레'로 불리는 것으로, 4월부터 토성의 가장 안쪽 고리와 토성 대기층 사이의 틈새를 22차례 뛰어드는 대담한 미션이었습니다. 이곳은 고리와 토성 사이의 너비 2,400킬로미터 공간으로, 지금까지 어떤 우주선도 지나간 적 없는 미지의 영역입니다. 카시니가 네 번에 걸친 다이빙에서 분석한 결과, 토성과 토성 고리 사이는 비어 있는 공간으로 밝혀졌습니다.

카시니가 토성과의 충돌을 앞두고 수행했던 이 그랜드 피날레 미션의 목적은 토성 중력장과 자기장, 대기와 고리의 성분, 구조에 관한 데이터를 수집하고, 나아가 거대 가스 행성의 형성과 진화의 증거를 탐사하는 데 있었습니다.

카시니로서는 '백조의 노래'였던 그랜드 피날레를 완벽하게 마무리한 뒤, 9월 12일 오전 마지막으로 타이탄을 스윙바이해 침로를 충돌 코스로 잡았습니다. 그리고 마침내 2017년 9월 15일, 토성 생태계 보호를 위해 토성 대기층으로 뛰어들어 산화함으로써 20년에 걸친 토성 대탐사를 마무리하는 '스릴 넘치는 생애의 마지막 장'을 넘겼습니다.

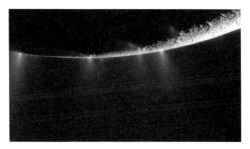
| 엔셀라두스에서 치솟는 간헐천 물기둥. 2009년 카시니가 이
장면을 잡았다.

카시니는 토성 대기와의 마찰로 불타는 마지막 순간까지 안테나를 지구 쪽으로 돌려 2분 동안 토성 대기 성분 데이터를 지구로 전송하는 최후의 미션을 완료한 후 시그널 발신을 중단했습니다. 카시니가 마지막으로 보낸 영상은 토성의 빛이 닿지 않은 면을 찍은 것으로, 이 사진을 전송한 후 45초 만에 전소되었습니다.

20년 동안 인류의 야심 찬 우주 탐사를 수행했던 카시니 미션의 최대 성과는 무엇보다 태양계를 바라보는 인류의 시각을 크게 바꾸어 놓았다는 데 있습니다. 카시니 이전 태양계에 대한 인류의 관념이 흐릿한 흑백 초상화였다면, 카시니 이후의 태양계는 아름다운 원색의 매력적이고 현실감 나는 세상으로 뇌리에 박히게 되었습니다. 더욱이 우리로부터 15억 킬로미터나 떨어진 그곳에도 생명이 존재할 수 있다는 가능성을 보여 줌으로써 어쩌면 우리의 '기원'과 얽혀 있을지도 모른다는 예감을 갖게 하고, 이런 모든 것이 우리를 끊임없이 우주 속으로 추동하는 힘이 되고 있는 것입니다.

우리는 스스로 빛나는 별이다

뉴호라이즌스의
태양계 대장정

태양계 행성 탐사를 매조진 뉴호라이즌스

NASA의 외부 태양계 탐사선 뉴호라이즌스호가 2015년 7월 14일 명왕성을 최근접 통과하는 데 성공했습니다. 이로써 인류는 태양계 전 행성을 빠짐없이 탐사한 기록을 세우게 되었습니다. 1957년 10월 구소련의 스푸트니크 1호가 우주로 날아 오른 지 60년 만에 성취한 인류의 쾌거입니다.

2006년 1월 19일 미국 플로리다주 케이프커내버럴에서 현존 로켓 중 가장 강력한 발사체인 아틀라스V-551 로켓에 얹혀 발사된 뉴호라이즌스는 꼬박 9년 반을 날아 2015년 7월 14일에 명왕성을 근접 통과했으며, 다시 3년 반을 더 날아간 끝에 2019년 1월 1일 태양계 가장자리 카이퍼 벨트의 소행성 울티마 툴레에 근접 비행하는 것을 성공함으로써 지구로부터 가장 멀리 떨어진 천체를 탐사하는 신기록을 하나 더 추가했습니다. 뉴호라이즌스는 이름에 길맞게 우주 탐사의 새 지평을 연 것입니다.

그런데 뉴호라이즌스가 발사된 2006년에 명왕성이 행성의 지위를 잃고 왜소 행성으로 강등되었다는 것이 좀 아이러니하기도 합니다. 더욱이 명왕성은 미국인이 최초로 발견한 자랑스러운 행성이었습니다.

뉴호라이즌스가 발사될 때의 탈출 속도는 초속 16.26킬로미터로, 지금까지 인간이 만들어낸 물체 중 가장 빠르게 지구를 탈출한 것으로 기록되었습니다. 뉴호라이즌스는 13개월 만에 목성에 도착했고, 다음 해인 2007년 목성의 중력을 이용한 스윙바이를 통해 초속 22.85킬로미터로 가속함으로써 더욱 빨리 명왕성에 도착할 수 있었습니다.

명왕성을 최근접 통과

2015년 7월 14일, 뉴호라이즌스는 명왕성에 최소 1만 2,500킬로미터 거리까지 접근해 플라이바이하고 떠났습니다. 즉 명왕성을 스쳐 지나갔을 뿐 궤도를 돌진 않은 것입니다. 탐사선의 속도가 높아 중력이 작은 명왕성의 궤도에 들어갈 수 없었던 것입니다. 따라서 근접비행하면서 명왕성에 관한 데이터를 수집하고 사진을 찍어 지구로 전송하는 미션을 수행했습니다.

뉴호라이즌스가 명왕성을 떠나면서 마지막으로 찍어 보낸 사진 중 놀라운 이미지를 담은 것들이 NASA에 의해 공개되었는데, 그중에는 빙하와 산악으로 뒤덮인 명왕성의 복잡한 지표와 멀리까지 뻗어 있는 명왕성의 대기를 뚜렷이 보여 주는 놀라운 이미지가 포함되어 있습니다. 이 발견은 뉴호라이즌스의 명왕성 미션에서 최대 성과로 꼽힙니다.

이날 공개된 새로운 명왕성 이미지 중 하나는 명왕성 지표의 반을 뒤덮고 있는 하트 모양의 거대한 빙원을 보여 줍니다. 비공식적으로 톰보 지역으로 알려져 있는 이 빙원은 햇빛을 받아 빛나고 있습니다. 이미지는 뉴호라이즌스가 보내온 데이터에 색 정보를 입힌 것으로, 인간의 눈에 보이는 색에 가장 비슷한 상태입니다. 이로써 명왕성의 실제 색깔은 복숭아색임이 밝혀졌습니다.

공개된 이미지 중 가장 놀라운 것은 최대 위성인 카론과 명왕성 대기를 뚜렷이 보여주는 사진입니다. 뉴호라이즌스가 명왕성을 근접 통과한 직후 카메라를 되돌려 명왕성을 찍은 이미지로, 태양을 등지고 있어 명왕성의 대기가 안개처럼 보입니다. 미션 팀의 한 행성대기학자는 최초로 찍힌 명왕성의 대기 사진을 보고 감격에 겨운

| 왜소 행성 명왕성의 모습. 뉴호라이즌스가 보내온 데이터에 색 정보를 입힌 이미지다. 명왕성의 실제 색깔은 복숭아색임이 밝혀졌다.

나머지 울음을 터뜨리기도 했습니다.

명왕성의 대기는 적어도 지표로부터 160킬로미터 높이까지 뻗어 있습니다. 이는 예측값의 거의 5배에 달하는 높이죠. 어쨌든 이번 명왕성 근접 비행의 최대 발견으로 꼽히는 명왕성 대기는 앞으로 많은 과학자에게 연구 과제를 안겨 줄 것입니다.

뉴호라이즌스에는 1930년 명왕성을 처음 발견한 미국의 천문학자 클라이드 톰보의 뼛가루 일부도 실려 있었습니다. 고학생 출신이었던 톰보와 동고동락했던 명왕성을 사후에라도 보여 주고 싶은 의리 깊은 후배 과학자들이 톰보의 뼛가루 약간을 캡슐에 담아 탐사선 데크에 붙였던 겁니다.

참고로, 야구선수 류현진이 뛰고 있는 미국 다저스 프로야구 팀의 에이스 클레이튼 커쇼의 외할아버지가 바로 톰보입니다. 그래서 커쇼는 어느 TV 프로에 '명왕성은 내 마음의 행성이다'라고 쓴 티셔츠까지 입고 나왔다고 합니다.

우리는 스스로 빛나는 별이다

역사상 최장거리 천체 플라이바이

명왕성 접근 비행을 성공한 뉴호라이즌스에 연장근무 명령이 떨어졌습니다. 알뜰한 NASA 과학자들은 우주선이 작동하는 한 그냥 놀리는 일이 결코 없습니다. 거액을 들인 만큼 최대한 뽑아내려는 거죠.

뉴호라이즌스의 연장 미션은 멀리 카이퍼 벨트에 있는 소행성 탐사로 정해졌습니다. 공식적으로 '2014 MU69'로 불리는 이 천체는 미션 팀에 의해 이국적인 자연과 지역에 어울리는 '울티마 툴레 Ultima Thule'라는 새로운 애명을 갖게 되었는데, 이는 중세시대의 용어로 '알려진 세계를 넘어서'라는 뜻입니다.

MU69는 지름 수십 킬로미터의 작은 크기로, 명왕성 너머로 16억 킬로미터, 지구로부터는 무려 64억 킬로미터 떨어져 있습니다. 이는 지구-태양 간 거리인 1.5억 킬로미터의 약 43배나 되는 실로 아득히 먼 거리죠.

과학자들은 왜 콩쥐 엄마처럼 뉴호라이즌스에 이토록 먼 거리의 천체까지 보내 탐사를 시킨 걸까요? 이 변두리의 소행성들은 46억 년 전 태양계가 형성될 때 원시 태양계의 물질로 이루어진 천체들로서, 말하자면 태양계의 유물인 셈이죠. 이 유물은 46억 년 전 상태 그대로 완벽하게 보존되어 있습니다. 절대온도 0도에 가까운 우주의 극저온 상태에서 있었던 만큼 변질될 여지가 없기 때문이죠. 우주 공간은 어제나 10억 년 전이나 별로 차이가 없는 곳입니다. 따라서 과학자들은 뉴호라이즌스가 울티마 툴레를 근접비행하면서 얻을 데이터에 태양계 형성의 비밀을 풀어 줄 실마리가 있을지도 모른다고 생각한 것입니다.

2015년 7월 명왕성을 방문한 뉴호라이즌스가 3년 반 동안 16억 킬로미터(11AU)를 더 날아 울티마 툴레에 도착한 것은 2019년 새해를 알리는 종이 친 직후였습니다. 다른 세계와의 두 번째 랑데부에 나선 뉴호라이즌스는 카이퍼 벨트의 신비로운 소행성 울티마 툴레를 근접비행하는 미션에 성공함으로써 우주 탐사의 새 장을 열었습니다. 뉴호라이즌스의 비행 상황을 지켜보던 NASA 과학자들과 시민들은 탐사선이 울티마 툴레에 가장 가까운 곳까지 접근하자 "새로운 지평으로Go new horizons!"를 외치며 축하했습니다.

뉴호라이즌스가 울티마에 접근한 거리는 약 3,500킬로미터로, 명왕성에 접근한 거리 1만 2,500킬로미터보다 훨씬 가깝습니다. 그런 만큼 위험 부담도 훨씬 큰 미션이었습니다. 또 울티마는 지구로부터 지구-태양 간 거리의 44배인 65억 킬로미터나 떨어져 있어 탐사선이 보내오는 모든 데이터를 받으려면 약 20개월이 걸립니다. 미션 팀은 뉴호라이즌스가 플라이바이 직후 보내온 이미지를 분석한 결과, 울티마의 형태가 볼링 핀과 비슷하다는 점과 함께 크기가 35x15킬로미터, 폭 15킬로미터임을 알아냈습니다.

우리는 스스로 빛나는 별이다

미션 팀은 울티마에 관한 모든 데이터를 2020년에나 다 받을 수 있을 것으로 보고 있습니다. 뉴호라이즌스가 그처럼 먼 곳에서 보내온 카이퍼 벨트 천체들에 대한 데이터는 태양계 형성의 역사를 알려줄 우주의 고고학적 유물이 될 것입니다.

한편 인류가 보낸 탐사선 중 지구에서 가장 먼 곳까지 도달하는 데 성공한 뉴호라이즌스는 영국의 전설적인 록 밴드 퀸의 기타리스트 브라이언 메이로부터 노래를 헌정받기도 했습니다. 메이는 뉴호라이즌스가 울티마 툴레에 근접비행한 것을 축하하는 주제곡을 유튜브로 전 세계에 공개했습니다. 2018년에 작고한 세계적인 천체물리학자 스티븐 호킹의 음성도 포함된 이 주제곡은 뉴호라이즌스가 울티마에 근접비행할 당시 미국 존스홉킨스대 응용물리연구소APL에 울려 퍼졌습니다.

2019년 1월 말 현재, 모든 미션을 완수한 뉴호라이즌스는 지구에서 약 67억 킬로미터(45AU) 정도 떨어진 지점에서 초속 14킬로미터로 궁수자리 방향으로 항해하고 있습니다. 이제 어디로 갈까요? 아직까지 몸도 짱짱하고 연료도 많이 남아 있어 NASA에서 카이퍼 벨트의 다른 천체를 탐사하는 알바를 시킬 것으로 보입니다. 하지만 결국 동력과 연료가 바닥나면 모든 계기는 작동이 중단되고 탐사선은 초속 14킬로미터의 관성력으로 계속 날아갈 것입니다. 태양계 변두리를 둘러싸고 있는 오르트 구름을 빠져나가는 데만도 3만

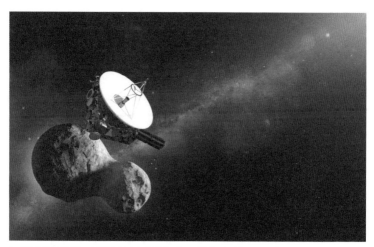

| 카이퍼 벨트에 있는 소행성 울티마 툴레에 접근 비행을 성공한 뉴호라이즌스. 최장 거리 천체 탐사의 기록을 세웠다.

년은 족히 걸릴 겁니다. 그 후에는 우리 은하 내 궤도를 영원히 떠돌 것입니다. 뉴호라이즌스가 우주의 어디쯤에서 잠들지는 신만이 알겠지요.

우리는 스스로 빛나는 별이다

페르미의 역설, "대체 외계인들은 어디 있는 거야?"

'페르미의 역설'이란 이탈리아의 천재 물리학자로 노벨상을 받은 엔리코 페르미가 외계 문명에 대해 처음 언급한 것이다.

페르미는 1950년 여름, 동료 물리학자들과 점심을 먹었다. 수소폭탄 설계자인 에드워드 텔러, 맨해튼 프로젝트 동료 허버트 요크, 에밀 코노핀스키 등이 같이한 자리였다. 그들은 식사를 하던 중 우연히 외계인에 대한 얘기를 나누었는데, 우주의 나이와 크기에 비추어 볼 때 외계인들이 존재할 것이라는 데 의견의 일치를 보았다. 그러자 페르미는 그 자리에서 방정식을 계산해 무려 100만 개의 문명이 우주에 존재해야 한다는 계산서를 내놓았다.

그런데 수많은 외계 문명이 존재한다면 어째서 인류 앞에 외계인이 나타나지 않았는가 하면서, "대체 그들은 어디 있는 거야?"라는 질문을 던졌는데, 이를 '페르미의 역설'이라고 한다.

관측 가능한 우주에만도 수천억 개의 은하가 존재한다. 또 은하마다 수천억 개의 별이 있으니, 생명이 서식할 수 있는 행성의 수는 그야말로 수십, 수백조 개가 될 거란 계산이 금방 나온다. 그런데도 왜 우리는 아직까지 외계인들을 한 번도 본 적이 없는가? 이것이 페

| 인류는 지난 몇십 년 동안 케플러 망원경(그림) 등으로 외부 행성계를 찾아 왔지만 아직 어떠한 생명체도 발견하지 못하고 있다. 케플러는 지금까지 발견된 3,750개의 외계 행성 중 70퍼센트를 발견했다.

르미의 역설이 주장하는 내용이다. 그리고 이 역설은 아직까지 풀리지 않고 있다.

인류는 지난 100년간 놀라운 발전을 이루었다. 그러나 이 기간은 우주의 나이 138억 년에 비하면 그야말로 눈 깜짝할 찰나에 지나지 않는다. 그렇다고 우리가 미래에 다른 별을 방문하는 상상을 할 수 없는 것은 아니다.

우주에는 우리 외에도 다른 문명이 있을 거라는 데 많은 과학자가 동의하고 있다. 그런데도 우리는 왜 외계인들을 한 번도 본 적이 없는가? 그 이유로 항성 간 거리가 너무 멀기 때문에 어떤 문명도 그만한 거리를 여행할 수 있는 기술을 확보하지 못했기 때문이라고

우리는 스스로 빛나는 별이다

과학자들은 생각하고 있다.

우리 인류와 먼 외계 문명의 접촉을 막고 있는 첫 번째 장애는 바로 우주의 거리다. 인류의 현재 기술 수준으로는 이 거리의 장벽을 넘을 수 없다. 예컨대, 태양계에서 가장 가까운 4.2광년 떨어진 프록시마 센타우리 별까지 가는 데만도 지금 로켓 속도로는 7만 년 가까이 걸린다. 만약 우리가 광속으로 나는 로켓을 개발했다고 쳐도 우리 은하를 가로지르는 데만 10만 년이 걸린다. 하지만 이 은하도 우주 속에서는 한 개의 조약돌에 지나지 않는다.

이 모든 상황을 감안해 볼 때 우리가 다른 행성으로 가서 산다는 것은 거의 불가능할 것으로 보인다. 이것이 바로 외계인을 만날 수 없는 가장 근본적인 장애다.

또 하나의 장애 요인은 통신 수단의 문제다. 비록 외계 문명이 존재한다고 하더라도 그들과 교신하기에는 우리의 통신 수단이 너무 원시적이라서 소통불능일지도 모른다는 사실이다. 그리고 외계인들이 신호를 보내온다고 하더라도 우리 기술로는 그것을 포착하지 못할 수 있다는 것이다.

지구상에 생명이 출현한 것은 36억 년 전이다. 그리고 지성체인 인류가 지상에 나타난 것은 약 25만 년 전이다. 그런데 인류가 우주 거리의 통신기술을 확보한 것은 겨우 100년밖에 되지 않았다. 우리 인류가 비록 은하의 시간 척도로 볼 때 극히 짧은 시간대에 존재하고 있지만, 만약 우주 속에 우리뿐이라면 우주 속에서 차지하는 우리의 진정한 위치를 탐구하기 위해 노력을 멈추지 말아야 하며, 다른 세계로 진출하기 위한 진보를 계속해야 할 것이다.

성큼 다가선 우주여행

| 위용을 드러낸 스타십. 2020년대 중반 화성 여행을 목표로 삼고 있다.

우리는 갤럭시 폰으로 빅뱅과 슈퍼노바의 노래를 듣는다. 친구가 터무니없는 말이나 행동을 하면, 너 개념을 안드로메다에 보냈니, 하고 핀잔을 한다. 그리고 날마다 우주 관련 뉴스를 접한다. 이처럼 우주는 이미 우리 생활 깊숙한 곳까지 침투해 있다.

어쩌면 올해는 우주여행의 원년이 될지도 모른

우리는 스스로 빛나는 별이다

다. 얼마 전 미국의 우주탐사 기업 스페이스X가 인류를 달과 화성으로 실어나를 유인 우주선 '스타십Starship'을 처음으로 공개했다.

스타십에는 우주 승객이 탑승할 수 있는 출입구와 우주를 내다볼 수 있는 창도 설치될 예정이며, 2020년대 중반 화성 여행을 목표로 삼고 지난해 일본의 억만장자와 달 궤도 여행 계약을 맺기도 했다.

그뿐만 아니라 영국 기업인 버진 갤럭틱Virgin Galactic, 아마존 창업자 제프 베조스의 블루 오리진 등이 우주관광 선발진에 합류했으며, 우리나라에서도 곧 이 대열에 뛰어들 것으로 보인다.

그런데 여행 비용이 만만치 않다. 1인당 25만 달러(2억 5천만 원) 선으로 예상되지만, 벌써 세계 곳곳에서 650명이 예약한 것으로 전해지고 있다.

이처럼 우주 시대는 우리 눈앞에 성큼 다가왔다.

'별'을 알면 세상이 보인다

얼마 전 내가 사는 강화도의 한 고등학교에서 학생들을 상대로 우주 특강을 가졌습니다. 수강생들의 나이가 17, 18살 정도니, 내가 별을 보자고 이삿짐 꾸려 강화도로 들어온 2000년쯤에 태어난 아이들인 셈이죠.

세월이 많이 흘렀습니다. 그때 태어난 아기들은 장정이 다 되었고, 우주나 사색하다 가야겠다고 나이 쉰에 입산한 나는 어언 70살을 바라보는 노인이 되었습니다. 면사무소에서 경로우대증까지 발급받았으니, 공식적으로도 노인 반열에 든 셈이죠. 이 나이에 그래도 저 푸릇한 젊음들과 우주를 얘기할 수 있다니, 이런 홍복도 쉬운 일은 아닐 겁니다. 나는 사람들에게 우주를 얘기할 때마다 늘 재미와 열정을 느낍니다.

나의 우주 특강을 듣는 저 아이들도 머지않아 사회에 진출할 것입니다. 그런데 그 사회가 보통 사회는 아닙니다. 하루에 36명꼴로 스스로 목숨을 버리는 곳입니다. 경제협력개발기구OECD 35개국 중 자살률 1위 자리를 13년 동안 굳건하게 지키고 있습니다.

더 비참한 통계도 있죠. 우리나라 청소년의 사망 원인 1위가 9년째 '자살'입니다. 한국 청소년 자살률은 OECD 국가 중 1위, 행복 지수는 6년 연속 최하위입니다. 성적 스트레스에 따른 우울증과 싸우는 청소년이 4명 중 1명꼴이고, 하루 평균 1.5명의 청소년이 성적 때문에 스스로 세상을 등지고 있습니다.

그뿐인가요. 20대 젊은이의 사망률 중에서 자살이 차지하는 비율이 절반에 가까운 45퍼센트나 됩니다. 비싼 등록금과 취업 문제 등 경제적 이유가 거의 90퍼센트를 차지합니다. 우리 사회의 부가 모자라서가 아니라, 너무 편중되어 있는 것이 큰 원인입니다. 우리가 살고 있는 이 공동체는 이처럼 팍팍하기 짝이 없는 곳입니다.

사정이 대략 이러하니, 강의에서 아이들에게 전하고자 하는 메시지는 아주 간명합니다. 조금만 더 시야를 넓혀 우주를 바라보고 자신을 돌아다보라는 거지요.

40년 전 지구를 떠난 보이저 1호가 지구로부터 60억 킬로미터 떨어진 명왕성 궤도 부근에서 카메라를 지구 쪽으로 돌려 찍은 사진을 보면, 지구는 그야말로 광막한 허공에 떠 있는 한 점 티끌에 불과합니다. 미 항공우주국NASA에서 사진에 화살표를 하지 않았다면

| 창백한 푸른 점의 칼 세이건

지구인 줄도 모를 정도입니다. 천문학자 칼 세이건이 명명한 '창백한 푸른 점', 그 한 티끌 위에서 70억 인류가 오늘도 아웅다웅하며 살아가고 있는 것입니다.

가장 철학적인 천체 사진으로 꼽히는 이 사진을 보면 인류가 우주 속에서 얼마나 외로운 존재인지 느끼게 되며 지구가, 인간이 우주 속에서 얼마나 작디작은 존재인지 절감하게 됩니다. 이러한 우주를 보고 받는 충격을 '조망 효과Overview Effect'라고 합니다.

'창백한 푸른 점'을 기획한 칼 세이건은 그러한 조망 효과를 여실히 보여 주는 다음과 같은 소감을 남겼습니다.

"다시 저 점을 보라. 저것이 여기다. 저것이 우리의 고향이다. 저것이 우리다. 당신이 사랑하는 모든 사람들, 당신이 아는 모든 이들, 예전에 그네들의 삶을 영위했던 모든 인류들이 바로 저기에서 살았다. 우리의 기쁨과 고통의 총량, 수없이 많은 그 강고한 종교들, 이데올로기와 경제정책들, 모든 사냥꾼과 약탈자, 영웅과 비겁자, 문명의 창조자와 파괴자, 왕과 농부, 사랑에 빠진 젊은 연인들, 아버지와 어머니들, 희망에 찬 아이들, 발명가와 탐험가, 모든 도덕의 교사들, 부패한 정치인들, 모든 슈퍼스타, 최고 지도자들, 인류 역사 속의 모든 성인과 죄인들이 저기―햇빛 속을 떠도는 티끌 위―에서 살았던 것이다.

지구는 우주라는 광막한 공간 속의 작디작은 무대다. 승리와 영광이란 이름 아래, 이 작은 점 속의 한 조각을 차지하기 위해 수많은 장군과 황제들이 흘렸던 저 피의 강을 생각해 보라. 이 작은 점 한 구석에 살던 사람들이 다른 구석에 살던 사람들에게 보여 주었던 그 잔혹함을 생각해 보라. 얼마나 자주 서로를 오해했는지, 얼마나 기를 쓰고 서로를 죽이려 했는지, 얼마나 사무치게 서로를 증오했는지 한번 생각해 보라.

이 희미한 한 점 티끌은 우리가 사는 곳이 우주의 선택된 장소라는 생각이 한갓 망상임을 말해 주는 듯하다. 우리가 사는 이 행성은 거대한 우주의 흑암으로 둘러싸인 한 점 외로운 티끌일 뿐이다. 이 어둠 속에서, 이 광대무변한 우주 속에서 우리를 구해 줄 것은 그 어디에도 없다.

지구는, 지금까지 우리가 아는 한에서, 삶이 깃들일 수 있는 유일한 세계다. 가까운 미래에 우리 인류가 이주해 살 수 있는 곳은 이 우주 어디에도 없다. 갈 수는 있겠지만, 살 수는 없다. 어쨌든 우리 인류는 당분간 이 지구에서 살 수밖에 없다.

천문학은 흔히 사람에게 겸손을 가르치고 인격 형성을 돕는 과학이라고 한다. 우리의 작은 세계를 찍은 이 사진보다 인간의 오만함을 더 잘 드러내 주는 것은 없을 것이다. 이 창백한 푸른 점보다 우리가 아는 유일한 고향을 소중하게 다루고, 서로를 따뜻하게 대해야 한다는 자각을 절절히 보여 주는 것이 달리 또 있을까?"

이 같은 우주 조망 효과를 최대한 보여 주면서 나의 우주 특강은 대략 다음과 같은 당부로 마무리됩니다.

"아이들아, 아무리 어렵더라도 부디 겁먹지 말고 한 세상 즐겁게 살아가거라.
하찮은 일들에 마음 상하지 말고, 어려울 때는 우주를 생각하면 좋다.

우리는 별들이 만든 원소들, 곧 별 먼지로 이루어진 존재들이다.

초신성이 삶의 마지막 순간에 대폭발로 제 몸을 아낌없이 우주로 뿌리지 않았다면

지구도, 인간도, 새들도, 나무도 지금 존재하지 않았을 것이다.

밤하늘의 저 별들이 우리의 고향이요, 우리는 '메이드 인 스타'다.

어느 천문학자의 말마따나 '우리는 뒹구는 돌들의 형제요, 떠도는 구름의 사촌이다.'

이처럼 놀랍고도 희한한 우주에서 우리가 살아가고 있는데,

나라는 존재 자체가 바로 우주와 맞먹는 기적인데,

하찮은 일들로 한 번뿐인 인생을 우중충하게 살아서야 되겠는가.

어느 철학자는 '경이가 없는 삶은 살 가치가 없다'라고 말했다.

우주는 경이와 신비 그 자체이며, 때로는 경이를 넘어 감동이다.

138억 년 우주의 사랑이 우리를 태어나고 살게 한 거니까.

가끔 힘들 때는 지구가 지금 이 순간에도 태양 둘레를 초속 30킬로미터로 날아가고,

우리 태양계가 은하 가장자리를 초속 200킬로미터로 내달리고,

이 순간에도 우주는 빛의 속도로 팽창하고 있다는 걸 생각해라.

그러면 우리가 각기 지고 있는 삶의 무게도 한결 가벼워짐을 느낄 것이다."

별을 보고 우주를 생각하는 그런 삶을 살다 보면 보다 넓은 시각으로 세상과 인생을 보게 되고, 보다 균형 잡힌 삶을 살 수 있게 됩니다. '별과 우주를 알면 세상이 보인다.' 이것이 내가 저 청춘들에게 하고 싶은 말의 속고갱이입니다.

내 책을 읽은 어느 독자가 다음과 같은 댓글을 달았습니다.

"우주는 참으로 위대하다. 자살하지 마라. 잘살고 잘나고 다 필요 없다. 무의미하다. 지금 살아 있는 것에 감사하라."

| 그림 출처 |

다음 세대에 전하고 싶은 한 가지는 무엇입니까?

다음 세대를 생각하는 인문교양 시리즈 아우름

아우름 시리즈는 계속 출간됩니다.

아우름38

우리는 스스로 빛나는
별이다

1판 1쇄 발행 2019년 5월 25일
1판 2쇄 발행 2022년 8월 29일

지은이 이광식
펴낸이 김성구

콘텐츠본부 고혁 조은아 김초록 이은주 김지용
디자인 이영민
마케팅부 송영우 어찬 김하은
관 리 박현주

펴낸곳 (주)샘터사
등 록 2001년 10월 15일 제1-2923호
주 소 서울시 종로구 창경궁로35길 26 2층 (03076)
전 화 02-763-8965(콘텐츠본부) 02-763-8966(마케팅부)
팩 스 02-3672-1873 **이메일** book@isamtoh.com **홈페이지** www.isamtoh.com

ISBN 978-89-464-2105-9 04080
ISBN 978-89-464-1885-1 04080(세트)

값은 뒤표지에 있습니다.
잘못 만들어진 책은 구입처에서 교환해드립니다.